活学活用
三十六计

1

刘硕 编著

航空工业出版社
北京

内容提要

《活学活用三十六计》沿袭原著选篇，精选经典有趣的历史故事，原创趣味爆笑漫画，还原儿童可能遇到的生活场景，教会孩子应对困难的方法，培养孩子思考问题的思路和策略，助力儿童智慧成长。

图书在版编目（CIP）数据

活学活用三十六计．1 / 刘硕编著．— 北京 ：航空工业出版社，2024.1

ISBN 978-7-5165-3606-3

Ⅰ．①活… Ⅱ．①刘… Ⅲ．①《三十六计》—通俗读物 Ⅳ．①E892.2-49

中国国家版本馆CIP数据核字（2024）第017758号

活学活用三十六计 1

Huoxue Huoyong Sanshiliuji · Yi

航空工业出版社出版发行

（北京市朝阳区京顺路5号曙光大厦C座四层　100028）

发行部电话：010-85672688　010-85672689

天津创先河普业印刷有限公司印刷　全国各地新华书店经售

2024年1月第1版　2024年1月第1次印刷

开本：787×1092　1/16　字数：56千字

印张：4　定价：120.00元（全4册）

前言

sān shí liù jì shì zhōng guó gǔ dài gè bīng fǎ cè lüè
《三十六计》是中国古代36个兵法策略，
yuán yú nán běi cháo chéng shū yú míng qīng tā shì gēn jù wǒ guó gǔ dài
源于南北朝，成书于明清。它是根据我国古代
zhuó yuè de jūn shì sī xiǎng hé fēng fù de dòu zhēng jīng yàn zǒng jié ér chéng de
卓越的军事思想和丰富的斗争经验总结而成的
bīng shū shì zhōng huá mín zú wén huà zhōng de yì duǒ qí pā
兵书，是中华民族文化中的一朵奇葩。

zài gǔ shí hou sān shí liù jì shì dì wáng jiàng xiàng míng
在古时候，《三十六计》是帝王将相、名
mén jiā zú zǐ dì de bì xiū zhī kè rú jīn sān shí liù jì shì
门家族子弟的必修之课。如今，《三十六计》是
jiào yù bù tuī jiàn de kè wài yuè dú shū mù zhī yī hái bèi hā fó shāng
教育部推荐的课外阅读书目之一，还被哈佛商
xué yuàn měi guó xī diǎn jūn xiào děng míng xiào liè wéi bì dú shū mù
学院、美国西点军校等名校列为必读书目。

běn shū zài biān xiě guò chéng zhōng bù jǐn duì gè jì cè de wén
本书在编写过程中，不仅对36个计策的文
yán wén jìn xíng le zhù jiě fān yì ér qiě tí liàn chū le chéng yǔ de
言文进行了注解、翻译，而且提炼出了成语的

释义、近义词，并配以例句，丰富孩子的写作素材。除此之外，36个计策分别搭配了一个有趣、极富内涵的经典历史故事，并配以风格幽默的精美插图，同时添加了“生活思辨”部分，让古人的智慧计策穿越千年，来到孩子们的日常生活和学习生活当中，让孩子们学会如何在古人的故事中汲取计谋与智慧，明白如何做人、做事，增强学习能力，懂得处理与家长、老师、同学等的关系……

这是一套集知识性、趣味性、实用性于一身的、专属于孩子们的《三十六计》，让他们读故事，学历史，晓兵法，懂生活，成为一个足智多谋的、能够独立思考的人。

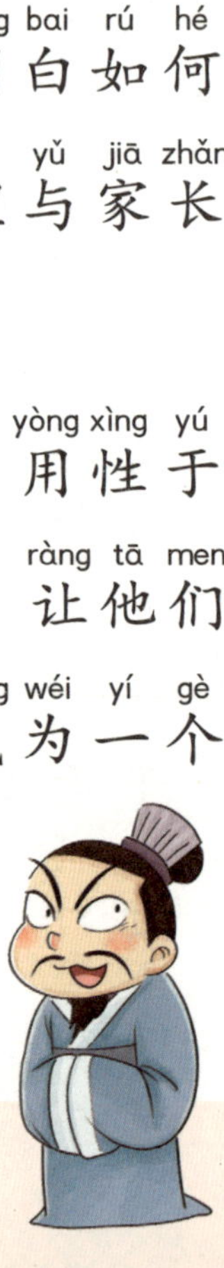

目录

瞒天过海

bèi zhōu zé yì dài　cháng jiàn zé bù yí　yīn　zài yáng　zhī nèi　bú zài yáng
备周则意怠①，常见则不疑。阴②在阳③之内，不在阳
zhī duì　tài yáng　tài yīn
之对。太④阳，太阴。

注释

dài　sōng xiè　lǎn sǎn
①怠：松懈，懒散。

yīn　mì mì　yǐn bì
②阴：秘密，隐蔽。

yáng　gōng kāi　bào lù
③阳：公开，暴露。

tài　jí qí　fēi cháng
④太：极其，非常。

译文

dāng jūn duì fáng bèi de hěn zhōu quán shí　rén men fǎn ér róng yì sōng xiè dà yì　duì yú nà xiē
当军队防备得很周全时，人们反而容易松懈大意；对于那些
sī kōng jiàn guàn de shì wù　rén men tōng cháng bú huì zài qù huái yí　mì jì wǎng wǎng cáng zài gōng kāi
司空见惯的事物，人们通常不会再去怀疑。秘计往往藏在公开
de shì wù dāng zhōng　ér bú shì zài gōng kāi de shì wù zhī wài　zuì gōng kāi bào lù de xíng dòng　wǎng
的事物当中，而不是在公开的事物之外。最公开暴露的行动，往
wǎng yǐn cáng zhe zuì shēn de mì mì
往隐藏着最深的秘密。

知识锦囊

瞒天过海

shì yì　bǐ yù yòng qī piàn de shǒu duàn　àn zhōng xíng dòng
释 义：比喻用欺骗的手段，暗中行动。

jìn yì cí　jīn chán tuō qiào　yǎn rén ěr mù　mí tiān dà huǎng
近义词：金蝉脱壳　掩人耳目　弥天大谎

huó xué huó yòng　yí gè rén de piàn shù nǎ pà kě yǐ mán tiān guò hǎi　tā yī rán piàn bu liǎo
活学活用：一个人的骗术哪怕可以瞒天过海，他依然骗不了
zì jǐ
自己。

赵高惑众夺皇权

扫码听故事

公元前210年，秦始皇同丞相李斯、宦官赵高和次子胡亥等人巡游天下，不料病逝于途中。他死前曾吩咐赵高代拟诏书，让长子扶苏继位，并吩咐赵高火速派使者发出。赵高假意允诺，暗中却扣下遗诏。

丞相李斯鉴于皇上死于宫外，害怕百姓知道真相后大乱，也担心皇子争权，他决定封锁消

建立中国历史上第一个中央集权的封建国家。自称“始皇帝”，史称“秦始皇”。

秦始皇

息。于是，他命人把秦始皇的棺木放在辒辌车中，放下窗帷，装作无事发生，照常向咸阳行进。

途中，李斯催促赵高送出诏书，可是赵高不同意，因为他跟扶苏之间有仇怨。昔日，赵高获罪入狱，扶苏所亲信的大将蒙恬的弟弟蒙毅将他判处死刑，最后秦始皇出面才赦免了他，因此，他对扶苏**怀恨在心**。所以，赵高想让更容易控制的胡亥当皇帝。

秦朝的宦官、权臣，曾发动望夷宫之变，立秦始皇幼子胡亥为帝。

赵高

zhào gāo dāng xià biàn dài zhe sī zì kòu yā de yí zhào gǔ dòng hú hài yóu
赵高当下便带着私自扣押的遗诏鼓动胡亥，由
yú zhào gāo céng shì hú hài de lǎo shī hú hài shí fēn xìn rèn tā yīn cǐ tā
于赵高曾是胡亥的老师，胡亥十分信任他，因此他
qīng yì shuō fú le hú hài jiē zhe zhào gāo zhuā zhù le chéng xiàng lǐ sī tān quán
轻易说服了胡亥。接着赵高抓住了丞相李斯贪权
de ruò diǎn yǐ fú sū jì wèi hòu chéng xiàng yì zhí huì luò rù méng tián zhī shǒu wéi
的弱点，以扶苏继位后丞相一职会落入蒙恬之手为
yóu lái quàn shuō lǐ sī yǔ tā men hé móu
由，来劝说李斯与他们合谋。

lǐ sī sī qián xiǎng hòu tóng yì le zhào gāo de jì huà yú shì sān rén
李斯思前想后，同意了赵高的计划，于是三人
hé móu wěi zào le zhào shū bī pò fú sū yǔ méng tián zì jìn chú qù le
合谋，伪造了诏书，逼迫扶苏与蒙恬自尽，除去了

他们的“眼中钉”。

之后，巡游的车队继续按规定好的路线行进。由于夏日炎热，秦始皇的尸体已经开始腐烂，从车中散发出一阵阵臭味。为了防止臭味被人发觉，破坏计划，赵高命人买来许多鲍鱼放在车上。这样一来，鲍鱼产生的臭味就能掩盖住尸体的臭味，成功瞒过了所有人。

赵高“**瞒天过海**”，将秦始皇的尸首运回咸阳后，才公布秦始皇的死讯，并假传遗诏立胡亥为帝。赵高用计隐瞒了秦始皇死亡的消息和立扶苏为帝的遗诏，夺走了本属于扶苏的帝位，立容易被自己掌控的胡亥为帝，自己成为这场政变最大的获利者。

秦朝的第二位皇帝，残忍暴戾，轻信小人奸佞，杀害忠臣良将。

秦二世

生活思辨

朵朵的同桌可心的家庭条件不好，她经常看到可心穿着很旧的衣服，用所剩不多的铅笔头儿，带来的午饭也很少有荤菜。

因此，朵朵在征得妈妈同意的情况下，经常中午多带一小盒牛奶给可心。每一次，朵朵都会对可心说：“妈妈真马虎，又忘记自己已经给我装过牛奶了，多拿了一盒。拜托你帮个忙，我们一起把它们喝掉吧！”

朵朵既“瞒”住了真相，保护了同学的自尊心，又过了“海”，达到了帮助同学的目的。

第二计 围魏救赵

gòng dí bù rú fēn dí dí yáng bù rú dí yīn

共敌①不如分敌②，敌③阳④不如敌阴⑤。

注释

gòng dí bīng lì mì jí de dí rén

①共敌：兵力密集的敌人。

fēn dí bīng lì sōng sǎn de dí rén

②分敌：兵力松散的敌人。

dí jìn gōng

③敌：进攻。

yáng zhí jiē xiān fā zhì rén

④阳：直接，先发制人。

yīn yǐn bì hòu fā zhì rén

⑤阴：隐蔽，后发制人。

译文

gōng dǎ bīng lì mì jí de dí rén bù rú xiǎng bàn fǎ ràng dí rén de bīng lì biàn de sōng sǎn hòu zài gōng dǎ zhè yàng gèng róng yì qǔ shèng cóng zhèng miàn zhí jiē jìn gōng bǐ bu shàng cóng yǐn bì chù gōng dǎ dí rén de bīng lì bó ruò zhī chù

攻打兵力密集的敌人，不如想办法让敌人的兵力变得松散后再攻打，这样更容易取胜。从正面直接进攻，比不上从隐蔽处攻打敌人的兵力薄弱之处。

知识锦囊

围魏救赵

shì yì zhǐ xí jī dí rén hòu fāng de jù diǎn bī jìn gōng de dí rén chè tuì de zhàn shù

释 义：指袭击敌人后方的据点，逼进攻的敌人撤退的战术。

jìn yì cí shēng dōng jī xī diào hǔ lí shān wéi chéng dǎ yuán

近义词：声东击西 调虎离山 围城打援

huó xué huó yòng zhū gě liàng shàn yú yùn chóu céng jīng yǐ wéi wèi jiù zhào de jì cè dǎ jī le dí rén

活学活用：诸葛亮善于运筹，曾经以围魏救赵的计策打击了敌人。

sūn bìn zhì dòu páng juān
孙膑智斗庞涓

扫码听故事

xiāng chuán páng juān hé sūn bìn shì shī xiōng dì tā men céng jīng zài guǐ gǔ zǐ mén xià yì qǐ xué xí bīng fǎ sūn bìn cái huá héng yì zhì móu wú shuāng páng juān de cái néng cháng cháng bèi sūn bìn de guāng máng suǒ yǎn gài yīn cǐ páng juān shí fēn jí dù sūn bìn de cái néng

相传，庞涓和孙膑是师兄弟，他们曾经在鬼谷子门下一起学习兵法。孙膑**才华横溢**，智谋无双。庞涓的才能常常被孙膑的光芒所掩盖。因此，庞涓十分嫉妒孙膑的才能。

páng juān xià shān hòu dé dào le wèi wáng zhòng yòng kě shì páng juān jué de zì jǐ bù rú sūn bìn yú shì àn dì lǐ pài rén jiāng sūn bìn qǐng dào wèi

庞涓下山后，得到了魏王重用。可是，庞涓觉得自己不如孙膑，于是暗地里派人将孙膑请到魏

相传是战国时期的楚国人，隐居在鬼谷，身怀绝学。

鬼谷子

国加以监视。孙膑到了魏国后，庞涓设计陷害了孙膑，导致他受膑刑，想使他埋没于世。

可是孙膑并没有**自暴自弃**，他选择**装疯卖傻**，一段时间后，终于让庞涓放松了警惕。后来，孙膑想法见到齐国使者，用言辞打动了使者。齐国使者用计谋救出孙膑，把他接到了齐国。后来，孙膑在齐国成为军师。

公元前354年，庞涓带魏军攻打赵国，赵

魏国名将，与孙膑同学兵法，嫉妒孙膑的才华。

庞涓

guó dǐ dǎng bú zhù qiú zhù yú qí guó yú shì qí wáng pài qiǎn dà jiàng tián
国抵挡不住，求助于齐国。于是，齐王派遣大将田
jì yǔ jūn shī sūn bìn shuài qí jūn zhī yuán zhào guó
忌与军师孙膑率齐军支援赵国。

tián jì xiǎng zhí jiē xiàng zhào guó dū chéng hán dān fā bīng zhī yuán zhào guó
田忌想直接向赵国都城邯郸发兵支援赵国，
gēn wèi jūn zhèng miàn jiāo zhàn sūn bìn zǔ lán dào wèi guó de jūn duì jī běn
跟魏军正面交战。孙膑阻拦道：“魏国的军队基本
dōu zài zhào guó wèi guó fǎn ér shì shū yú fáng shǒu de wǒ men wèi hé bú qù
都在赵国，魏国反而是疏于防守的。我们为何不去
gōng dǎ wèi guó ne zhè yàng yì lái páng juān bì rán huì bǎ hán dān fù jìn de
攻打魏国呢？这样一来，庞涓必然会把邯郸附近的
jūn duì chè huí zhào guó jiù néng jiě wéi le
军队撤回，赵国就能解围了。”

tián jì àn zhào sūn bìn de jì cè jìn xíng ān pái páng juān guǒ rán zhòng jì
田忌按照孙膑的计策进行安排。庞涓果然中计，
tā tīng shuō wèi guó bèi qí jūn gōng dǎ lì kè chè jūn huí wèi guó
他听说魏国被齐军攻打，立刻撤军回魏国。

wèi jūn yóu yú cháng qī zuò zhàn zài jiā shàng lián yè bēn bō zǎo yǐ rén
魏军由于长期作战，再加上连夜奔波，早已人
kùn mǎ fá miàn duì qí jūn de jìn gōng bù kān yì jī qí guó de jūn duì bú fèi
困马乏，面对齐军的进攻不堪一击。齐国的军队不费
chuī huī zhī lì jiù ràng zhào guó zhuǎn wēi wéi ān
吹灰之力就让赵国转危为安。

wèi le yíng jiù zhào guó sūn bìn pài chū jūn duì zài qià dàng de shí jī wéi kùn
为了营救赵国，孙膑派出军队在恰当的时机围困

wèi guó　yǐn zǒu le shǒu zài zhào guó de páng juān　cǐ wéi　**wéi wèi jiù zhào**
魏国，引走了守在赵国的庞涓，此为“**围魏救赵**”
zhī jì
之计。

战国时期的军事家，兵家代表人物，著有《孙膑兵法》。

孙膑

生活思辨

zuò wéi bān jí tǐ yù wěi yuán jiān lán qiú duì zhǎng de qiáng qiang　lán qiú dǎ de hǎo　tóu lán zhǔn què
作为班级体育委员兼篮球队长的强强，篮球打得好，投篮准确
dù fēi cháng gāo　dàn shì tā kǔ yú zài dǎ bǐ sài shí zǒng shì bèi duì shǒu　wéi gōng　shēn tǐ shī zhǎn bù
度非常高，但是他苦于在打比赛时总是被对手“围攻”，身体施展不
kāi　wú fǎ shēn zhǎn shuāng bì tóu lán　ná dào　sān fēn qiú　hǎo jǐ cì bǐ sài dōu yīn cǐ hé dì yī
开，无法伸展双臂投篮，拿到“三分球”，好几次比赛都因此和第一
míng shī zhī jiāo bì
名失之交臂。

hòu lái　qiáng qiang hé tā de jīn pái dā dàng xiǎo gāng yì qǐ xiǎng le yì zhāo　wéi wèi jiù zhào
后来，强强和他的金牌搭档小刚一起想了一招——围魏救赵。
dāng bèi duì shǒu　wéi gōng　shí　xiǎo gāng xiǎng bàn fǎ xī yǐn duì shǒu de zhù yì lì　dǎng zhù duì shǒu　cǎi
当被对手“围攻”时，小刚想办法吸引对手的注意力，挡住对手，采
yòng yū huí zhàn shù　ràng qiáng qiang zhuā zhù jī huì　yùn qiú kòu lán
用迂回战术，让强强抓住机会，运球扣篮。

guǒ rán　tā men de bàn fǎ shí fēn zòu xiào　zài xiào lán qiú bǐ sài zhōng　tā men dé le dì yī míng
果然，他们的办法十分奏效。在校篮球比赛中，他们得了第一名。

借刀杀人

dí yǐ míng yǒu wèi dìng yǐn yǒu shā dí bú zì chū lì yǐ sǔn tuī yǎn
敌已明①，友②未定，引友杀敌，不自出力，以《损》③推演。

注释

míng míng què qīng xī
①明：明确，清晰。

yǒu méng yǒu
②友：盟友。

sǔn chū zì zhōu yì sǔn guà yì si shì zài dí rén yǐ jīng míng
③《损》：出自《周易·损》卦，意思是在敌人已经明
què ér péng you réng wèi què dìng de qíng kuàng xià yào yǐn dǎo péng you zhàn chū lái shā
确，而朋友仍未确定的情况下，要引导朋友站出来杀
dí ér bú shì zì jǐ chū lì
敌，而不是自己出力。

译文

jūn shì zuò zhàn zhōng dāng yǐ jīng qīng chu dí rén shì shuí ér méng yǒu hái méi yǒu què dìng de shí
军事作战中，当已经清楚敌人是谁，而盟友还没有确定的时
hou wǒ men kě yǐ yǐn yòu méng yǒu qù gōng dǎ dí rén bú làng fèi zì jǐ de lì liàng zhè shì cóng
候，我们可以引诱盟友去攻打敌人，不浪费自己的力量，这是从
zhōu yì sǔn guà zhōng tuī duàn yǎn yì chū de jì cè
《周易·损》卦中推断演绎出的计策。

知识锦囊

借刀杀人

shì yì bǐ yù zì jǐ bù chū miàn jiǎ jiè bié rén de shǒu qù hài rén
释 义：比喻自己不出面，假借别人的手去害人。

jìn yì cí jiè fēng shǐ chuán jiè péng shǐ fēng jiè shuǐ tuī chuán
近义词：借风使船 借篷使风 借水推船

huó xué huó yòng nà wèi jiāng jūn fēi cháng cōng míng xiǎng yào jiè yí gè dí rén de lì liàng qù dǎ
活学活用：那位将军非常聪明，想要借一个敌人的力量去打
jī lìng yí gè dí rén yǐ dá dào jiè dāo shā rén de mù dì
击另一个敌人，以达到“借刀杀人”的目的。

sòng tài zǔ jiè dāo chú xīn huàn

宋太祖借刀除心患

扫码听故事

sòng tài zǔ zhàokuāng yìn zài wèi qī jiān gōng xià le hòu shǔ hé nán hàn
宋太祖赵匡胤在位期间，攻下了后蜀和南汉，
shēngmíng dà zhèn shēnshòu bǎi xìng ài dài
声名大振，深受百姓爱戴。

hòu lái sòngcháo de jūn duì jìn gōng nán táng suī
后来，宋朝的军队进攻南唐。虽
rán nán táng hòu zhǔ lǐ yù méi yǒu shén me dài bīng dǎ zhàng
然南唐后主李煜没有什么带兵打仗
de cái néng dàn shì nán táng dà jiàng lín rén zhào **zhì yǒng**
的才能，但是南唐大将林仁肇**智勇**
shuāng quán móu lüè zài xiōng néng shuài lǐng jūn duì kàng jī
双全，谋略在胸，能率领军队抗击
wài dí
外敌。

宋朝开国皇帝，建立宋朝，结束了五代十国的战乱局面。

赵匡胤

赵匡胤**深思熟虑**后，决定先除掉林仁肇，再进军南唐。

于是，赵匡胤采取了一系列的行动：第一步，他派出一位擅长作画的手下去拜访林仁肇，并把他的外貌悄悄画了下来；第二步，他命人修建了一座宅子，把内部装修得很精美，并挂上了林仁肇的画像；第三步，带着来拜见自己的南唐使者进入修建好的宅子，使其“无意间”看到林仁肇的画像，以便制造林仁肇已经答应归顺宋朝的假象。

南唐名将，身材魁梧，刺有虎形纹身，人称“林虎子”。

林仁肇

这时，李煜派

qiǎn lǐ cóng shàn jiǎ jiè tóu xiáng
遣李从善，假借投降

de xū míng jìn rù sòng cháo dǎ tàn
的虚名，进入宋朝打探

xiāo xi
消息。

zhào kuāng yìn xiǎng yào liú zhù
赵匡胤想要留住

lǐ cóng shàn yú shì gěi le tā tài
李从善，于是给了他泰

níng jié dù shǐ de guān zhí
宁节度使的官职。

南唐末代君主，精通书法、音律、绘画和诗文。

李煜

zì zhè zhī hòu lǐ yù jīng
自这之后，李煜经

cháng pài qiǎn shǐ chén dào lǐ cóng shàn
常派遣使臣到李从善

nà lǐ tàn tīng xiāo xi zhào kuāng
那里探听消息，赵匡

yìn cóng bù gān shè pái chá
胤从不干涉、排查。

yǒu yì tiān zhào kuāng yìn
有一天，赵匡胤

ràng cháo tíng zhōng de dà chén dài zhe
让朝廷中的大臣带着

lǐ cóng shàn jìn rù xīn jiàn de zhái
李从善进入新建的宅

zi lǐ cóng shàn kàn dào le xuán
子。李从善看到了悬

guà zài qiáng shang de lín rén zhào de
挂在墙上的林仁肇的

huà xiàng shí fēn jīng chà biàn xún
画像，十分惊诧，便询

wèn tóng xíng de dà chén
问同行的大臣。

大臣们装作神秘的样子，**支支吾吾**说出“实情”：皇上爱惜林将军的才华，想让他投降，林将军已经答应投降，所以给他修建了这座宅子。

李从善迅速将这个消息转告给李煜。李煜**怒不可遏**，即刻毒死了林仁肇。

赵匡胤利用**借刀杀人**的计策，使南唐失去了林仁肇这员大将。正因如此，南唐很快便成了赵匡胤的**囊中之物**。

生活思辨

早上，林林发现姥姥在找身份证，说要去领鸡蛋。原来，姥姥要参加小区中“扫码注册领鸡蛋”的活动，不会用智能手机的老年人可以提供身份证来领鸡蛋。心思细腻的林林立刻警觉起来，打算和姥姥一同前往。

等和姥姥一块儿来到活动地点，林林觉得不对劲儿，便悄悄报了警。经过警察的盘问，原来这个活动是骗局，举办活动的骗子专门盗用他人信息去注册账号，再进行诈骗等非法行为。

姥姥等人的信息差点儿就成了骗子用来欺骗别人的“刀”，幸好林林足够警觉，让骗子的“借刀杀人”之计泡汤了。

第四计 以逸待劳

困敌之势①，不以②战；损刚益柔③。

注释

①势：态势，情况。

②以：凭借。

③损刚益柔：出自《周易·损》卦，意思是消耗敌人的精力，保存自己的实力。

译文

想让敌人陷入困难的情况，不一定非要发动攻击。通过消耗敌人的精力，保存自己的实力，让敌人从强变弱，让自己从弱变强，再找准时机进攻，同样可以战胜敌人。

知识锦囊

释　义： 指作战时不首先出击，而是养精蓄锐，等来攻的敌人疲惫后再攻打。

近义词： 按兵不动　养精蓄锐　一张一弛

活学活用： 在游击战争中，我军常常以逸待劳，以少胜多，把敌人打得落花流水。

lǐ mù shǒu biān pò xiōng nú
李牧守边破匈奴

扫码听故事

zhàn guó mò qī xiōng nú bù luò
战国末期，匈奴部落
cháng dào zhào guó de biān jìng qiǎng jié
常到赵国的边境抢劫、
lüè duó miàn duì xiōng nú de qīn rǎo
掠夺。面对匈奴的侵扰，
zhào guó pài chū lǐ mù zhù shǒu yàn mén
赵国派出李牧驻守雁门
guān dǐ yù xiōng nú rù qīn
关，抵御匈奴入侵。

战国时期赵国名将，抗击匈奴，保家卫国，深受百姓和士兵的爱戴。

李牧

面对凶悍的匈奴，李牧清楚地知道正面硬刚没有好下场。于是他命人修建了烽火台，同时给士兵们制定了严格的规矩——“匈奴骑兵来时，要迅速进堡自守，有敢去捉匈奴骑兵者斩首”。

就这样，平安度过了几年。匈奴以为李牧不敢出战，便不再把他当一回事儿。日子久了，士兵们也认为李牧很胆小，甚至赵王迁也这么想，于是赵王迁撤了李牧的职位。接替李牧驻守雁门关的新将军是**一勇之夫**，每次都跟匈奴正面交锋，**屡战屡败**。

赵王迁

战国时期赵国最后一位国君，品行不端，杀害忠良，导致赵国灭亡。

一年后，赵王迁无奈之下，只能再次请李牧去驻守边疆。匈奴一向以为李牧胆小，见赵国又换回他来驻守，便放下了戒心。

在匈奴没有察觉的情况下，李牧训练出了一支精锐部队，随时准备对匈奴发起攻击。

中国古代北方游牧民族，身强体健，骁勇善战。

匈奴

wèi le yǐn yòu xiōng nú lǐ mù ràng bǎi xìng men chū chéng fàng mù xī yǐn
为了引诱匈奴，李牧让百姓们出城放牧，吸引
le xiǎo bù fen xiōng nú lái xí pài chū de shì bīng yě tīng cóng lǐ mù mìng lìng zhuāng
了小部分匈奴来袭，派出的士兵也听从李牧命令，装
zuò bù dí táo zǒu ràng xiōng nú lǔ zǒu le xǔ duō niú yáng xiōng nú de chán yú tīng
作不敌逃走，让匈奴掳走了许多牛羊。匈奴的单于听
shuō hòu lì jí jí jié dà jūn cháng qū zhí rù
说后，立即集结大军，长驱直入。

lǐ mù zhī dào xiōng nú zhòng jì le lì kè ràng mái fú hǎo de jūn duì bǎi
李牧知道匈奴中计了，立刻让埋伏好的军队摆
chū qí zhèn cóng zuǒ yòu liǎng yì bāo chāo hé wéi xiōng nú lì kè fāng cùn dà luàn
出奇阵，从左右两翼包抄合围，匈奴立刻方寸大乱。

zhè yì chángzhàn yì lǐ mù xiāo miè le shí yú wàn xiōng nú qí bīng zì zhè zhī
这一场战役，李牧消灭了十余万匈奴骑兵，自这之
hòu xiōng nú shí duō nián dōu bù gǎn fàn biān
后，匈奴十多年都不敢犯边。

jī zhì de lǐ mù zài píng rì lǐ yǎng jīng xù ruì děng dào dí rén fàng sōng
机智的李牧在平日里**养精蓄锐**，等到敌人放松
jǐng tì hòu zài sì jī ér dòng cái dé yǐ dà huò quán shèng cǐ wéi yǐ
警惕后，再**伺机而动**，才得以**大获全胜**，此为“**以**
yì dài láo zhī jì
逸待劳”之计。

生活思辨

xiǎo měi de bà ba shì yí gè diào yú gāo shǒu tā yì zhí xiǎng yào gēn bà ba xué xí gāo chāo de diào yú jì
小美的爸爸是一个钓鱼高手。她一直想要跟爸爸学习高超的钓鱼技
shù xiǎo měi tè bié cōng míng hěn kuài jiù gēn bà ba xué huì le rú hé tiāo xuǎn yú ěr yǐ jí shōu gān
术。小美特别聪明，很快就跟爸爸学会了如何挑选鱼饵，以及收竿、
shuǎi gān děng jī běn cāo zuò
甩竿等基本操作。

kě shì xiǎo měi quē fá nài xīn zǒng shì zài shuǐ miàn yǒu yì diǎnr dòng jing de shí hou jiù lì mǎ shōu
可是，小美缺乏耐心，总是在水面有一点儿动静的时候就立马收
gān shèn zhì zhǐ zuò le yí huìr jiù kāi shǐ bào yuàn méi yǒu yú shàng gōu
竿，甚至只坐了一会儿就开始抱怨没有鱼上钩。

zhè shí hou bà ba wēn róu de quàn shuō xiǎo měi yào yǐ yì dài láo yīng gāi nài xīn děng dài jí
这时候，爸爸温柔地劝说小美要“以逸待劳”，应该耐心等待，集
zhōng jīng lì bǎo cún tǐ lì zhǐ yǒu zhè yàng děng yú shàng gōu shí cái néng jí shí fā xiàn bìng shōu gān
中精力，保存体力。只有这样，等鱼儿上钩时才能及时发现并收竿，
bú ràng yú ér pǎo diào
不让鱼儿跑掉。

xiǎo měi tīng le bà ba de huà hòu chéng gōng diào dào le yì tiáo yú
小美听了爸爸的话后，成功钓到了一条鱼。

趁火打劫

敌之害①大，就势取利，刚决柔也②。

注释

①害：危险的境地。

②刚决柔也：“刚”指自己，“柔”指敌人。意思是强大的自己抓住时机攻击弱小的敌人，取得胜利。

译文

当敌人处于危险的境地时，我们应该抓住时机，找到对方的薄弱之处，利用优势力量发起进攻，从而取胜。

知识锦囊

趁火打劫

释 义：趁着别人家遭遇火灾的混乱而无暇自顾的时机抢劫财物，获取利益。指乘人之危来谋取私利的行为。

近义词：浑水摸鱼 顺手牵羊 落井下石

活学活用：竟然有人在车祸现场趁火打劫，拿走了伤员的财物，真是坏透了。

cáo cāo chèn luàn miè yuán shì
曹操趁乱灭袁氏

扫码听故事

yuán shào zài guān dù zhī zhàn cǎn bài hòu yōu yù ér sǐ zhè duì yuán
袁绍在官渡之战惨败后，忧郁而死。这对袁
shì jiā zú wú yí shì yí gè chén zhòng de dǎ
氏家族无疑是一个沉重的打
jī dàn shì yuán shào de sān gè ér zi hé
击。但是袁绍的三个儿子和
wài sheng gāo gàn de shǒu zhōng réng rán wò yǒu zhòng
外甥高干的手中仍然握有重
bīng lìng cáo cāo pō wéi jì dàn
兵，令曹操颇为忌惮。

曹操

东汉末年权臣，曹魏政权奠基者，推行屯田制，统一中原、北方。

曹操想采用逐个击破的办法，来消灭袁氏家族的残余势力。于是，曹操首先进攻占据黎阳的袁绍的长子袁谭。袁谭抵挡不住曹操的进攻，火速向袁绍幼子袁尚求助。袁尚带兵支援袁谭。哪知二人不是曹操的对手，兵败后一路逃回了邺城。

由于袁谭和袁尚合兵，加上邺城易守难攻，两军相持数日，仍无结果。曹操无奈，只能转而南征荆州的刘表。

袁谭

汉末军阀袁绍长子，为袁绍平定河北立下汗马功劳。

yuán shì liǎng xiōng dì jiàn cáo cāo chè bīng yú shì kāi shǐ zhēng duó jì chéng
袁氏两兄弟见曹操撤兵，于是开始争夺继承
quán chǎnshēng le nèi hòng yuán tán bīng bài bèi yuánshàng zhuī jī yuán tán wú
权，产生了内讧。袁谭兵败，被袁尚追击。袁谭无
nài zhī xià zhǐ hǎo xiàng cáo cāo qiú yuán
奈之下，只好向曹操求援。

cáo cāo gēn běn méi yǒu lǐ yóu dā ying tā jué zhe zhè qià shì yì jǔ xiāo
曹操根本没有理由答应，他觉着这恰是一举消
miè yuán tán de hǎo jī huì kě shì xún yōu de yì fān huà ràng cáo cāo gǎi
灭袁谭的好机会。可是，荀攸的一番话，让曹操改
biàn le xiǎng fǎ tā quàn cáo cāo shuō tiān xià zhèng zhí duō shì zhī qiū
变了想法。他劝曹操说：“天下正值多事之秋，
ér liú biǎo zhàn jù zhe jiāng hàn kě shì què méi yǒu tūn bìng qí tā guó jiā de yì
而刘表占据着江汉，可是却没有吞并其他国家的意

荀攸

东汉末年谋士，辅佐曹操统一北方。

思。然而，袁氏兄弟的兵力雄厚，如果他们共图大业，是很难对付的。可是，现在袁谭、袁尚两兄弟**势不两立**。他们一旦打起来，如果一方取胜，那么兵力会聚集在胜利一方。等那时再想征讨他们就困难了。因此，我们一定要趁着他们内乱的时候将其拿下，**机不可失**啊！”

于是，曹操采用了荀攸的“**趁火打劫**”之计，起

bīng lí yáng xiān hé yuán tán lián yīn lái wěn zhù tā de xīn zài jìn gōng yuán shàng
兵黎阳，先和袁谭联姻来稳住他的心，再进攻袁尚。

dì èr nián cáo cāo zhōng yú jiāng yuán shàng de shì lì yì wǎng dǎ jìn dì
第二年，曹操终于将袁尚的势力**一网打尽**。第
sān nián cáo cāo yòu yǐ fù yuē bèi méng wéi míng xiāo miè le yuán tán jiù
三年，曹操又以“**负约背盟**”为名，消灭了袁谭。就
zhè yàng yuán shì jiā zú de quán bù lǐng dì dōu luò zài le cáo cāo de shǒu zhōng
这样，袁氏家族的全部领地，都落在了曹操的手中。
xún yōu wèi cáo cāo xiàn cè lì le dà gōng bèi fēng wéi líng shù tíng hóu
荀攸为曹操献策，立了大功，被封为陵树亭侯。

生活思辨

nà na de jiā lí xué xiào tè bié jìn zhè tiān qià hǎo bà ba hé mā ma yǒu shì qing wú fǎ lái jiē tā
娜娜的家离学校特别近，这天，恰好爸爸和妈妈有事情，无法来接她。

fàng xué shí nà na fā xiàn yǒu rén zài gēn zōng tā cōng míng de nà na kuài bù zǒu xiàng jiā fù jìn yì tiáo
放学时，娜娜发现有人在跟踪她。聪明的娜娜快步走向家附近一条
rè nao de jiē dào gù yì zhàn zài yí gè shuǐ guǒ tān qián zhuāng zuò mǎi dōng xi de yàng zi
热闹的街道，故意站在一个水果摊前，装作买东西的样子。

suī rán gēn zōng nà na de rén yī rán méi yǒu lí kāi dàn shì nà na zhī dào zì jǐ ān quán le shí jī dào
虽然跟踪娜娜的人依然没有离开，但是娜娜知道自己安全了。时机到
le tā měng de pǎo dào mài shuǐ guǒ de shū shu shēn hòu dà hǎn shū shu bāng wǒ bào jǐng yǒu rén gēn zōng wǒ
了，她猛地跑到卖水果的叔叔身后大喊：“叔叔，帮我报警！有人跟踪我！”

huài rén lì kè bèi xià pǎo le kě shì jǐng chá shū shu yī rán tōng guò jiē dào shang de jiān kòng zhǎo dào le
坏人立刻被吓跑了，可是，警察叔叔依然通过街道上的监控找到了
tā bìng jiāng qí shéng zhī yǐ fǎ
他，并将其绳之以法。

nà na qiǎo miào de yùn yòng le chèn huǒ dǎ jié zhī jì gěi huài rén de fàn zuì xíng dòng zhì zào le kùn
娜娜巧妙地运用了“趁火打劫”之计，给坏人的犯罪行动制造了困
nan ràng zì jǐ chéng gōng de duǒ bì le wēi xiǎn
难，让自己成功地躲避了危险。

声东击西

敌志乱萃①，不虞②，坤下兑上③之象，利其不自主而取之。

注释

①萃：聚集。

②不虞：无法预料。

③坤下兑上：出自《周易·萃》卦，指洪水四处流动的景象。

译文

敌人的意志混乱，一会儿散乱，一会儿聚集，无法预料并应对复杂的场面，这就是“坤下兑上”的混乱状态。敌人已经失去自我控制的能力，我们应该抓住这个机会，趁机进攻，取得胜利。

知识锦囊

声东击西

释　义：表面上声张扬言要攻打东面，其实是攻打西面。现指故意迷惑对方，让敌人产生错觉，集中力量攻其不备的策略。

近义词：调虎离山　避实就虚　出其不意

活学活用：他们以声东击西的方法转移了敌人的注意力，成功占领了山头。

hán xìn shēng qín wèi wáng bào
韩信生擒魏王豹

扫码听故事

zhàn guó shí qī wèi wáng wèi bào
战国时期，魏王魏豹
dé zhī hán xìn yào lái gōng dǎ zì jǐ
得知韩信要来攻打自己，
biàn pài chū dà jiàng bǎi zhí qù yíng zhàn
便派出大将柏直去迎战。
bǎi zhí fēng suǒ le dù kǒu dài lǐng wèi
柏直封锁了渡口，带领魏
guó de jūn duì zhù shǒu zài huáng hé
国的军队驻守在黄河
dōng àn de pú bǎn
东岸的蒲坂。

战国时期魏国的将军，被韩信所杀。

柏直

bǎi zhí hěn zì xìn tā rèn
柏直很自信，他认
wéi huáng hé de shuǐ liú tuān jí
为黄河的水流湍急，
zài jiā shàng zì jǐ de jūn duì suí
再加上自己的军队随

时能进行射箭等远攻，汉朝的军队绝对过不来。

韩信带领军队来到蒲坂，眼前的情况让他的心里打起了鼓。如果从正面进攻，难度很大。于是，韩信冥思苦想，终于有了应对之策。他先让将士们大张旗鼓地在河对岸安营扎寨。白天，韩信让士兵们不断敲击战鼓，呐喊口号；晚上，韩信不让熄灭军营中的灯火，整个军营灯火通明。与此同时，韩信调来了许多船只，停靠在港口。

西汉时期的诸侯王，骁勇善战，在楚汉之争中帮助刘邦击败项羽。

韩信

魏豹

战国时期魏国的王室后裔，起初归顺刘邦，后来又背叛了他。

无论是谁看到这个情况，都会觉得韩信准备强行进攻。柏直看到这个情况后，心中大喜，对韩信**冷嘲热讽**，同时放松了对韩信的警惕。

韩信一边在渡口放着“烟雾弹”，另一边悄悄带领精锐部队来

到了上游。

韩信说：“用几十只口小肚大的瓶子封住口，排成长方形，口朝下，底朝上，用绳子绑在一起，再用木头夹住，叫作‘木罂’，用它做成筏子可以比一般筏子多载人。”于是，韩信命人制造了许多木罂。接着，汉朝的军队乘着“木罂”，神不知鬼不觉地绕到了黄河对岸，发动奇袭。魏豹见到突然出现的汉朝军队，根本来不及反抗，措手不及

de tā zhǐ néng cāng cù yíng zhàn kě tā zěn me huì shì hán xìn de duì shǒu ne
的他只能仓促迎战，可他怎么会是韩信的对手呢？
hán xìn qīng ér yì jǔ de ná xià wèi guó de ān yì
韩信**轻而易举**地拿下魏国的安邑。

hán xìn píng jiè shēng dōng jī xī zhī jì zhuǎn biàn le jú shì huò
韩信凭借“**声东击西**”之计，转变了局势，获
dé le zhàn zhēng de shèng lì
得了战争的胜利。

生活思辨

líng ling péi mā ma yì qǐ dài dì di qù dǎ zhēn kě shì dì di hěn pà téng dǎn zi xiǎo yí jiàn dào
玲玲陪妈妈一起带弟弟去打针，可是弟弟很怕疼，胆子小，一见到
yī shēng shǒu zhōng de zhēn jiù kū de bù xíng gēn běn bú pèi hé ràng mā ma hé yī shēng dōu tóu téng de bù
医生手中的针就哭得不行，根本不配合，让妈妈和医生都头疼得不
dé liǎo
得了。

zhè shí hou líng ling líng jī yí dòng xiǎng dào le shēng dōng jī xī de hǎo bàn fǎ tā jiāng tóu
这时候，玲玲灵机一动，想到了“声东击西”的好办法。她将头
fa zā chéng qí guài de yàng zi duì zhe dì di zuò guǐ liǎn dòu de dì di zhí xiào yī shēng jiàn zhuàng
发扎成奇怪的样子，对着弟弟做鬼脸，逗得弟弟直笑。医生见状，
zhǎo zhǔn shí jī zài dì di de xiǎo pì gu shang zhā le yì zhēn
找准时机，在弟弟的小屁股上扎了一针。

suī rán dì di yī rán téng kū le dàn shì líng ling de shēng dōng jī xī zhī jì xī yǐn le dì di de
虽然弟弟依然疼哭了，但是玲玲的“声东击西”之计吸引了弟弟的
zhù yì lì chéng gōng jiě jué le dì di bú pèi hé dǎ zhēn de rán méi zhī jí
注意力，成功解决了弟弟不配合打针的燃眉之急。

无中生有

诳[1]也，非诳也，实[2]其所诳也。少阴，太阴，太阳[3]。

注释

①诳：迷惑，欺骗。

②实：实在，确实。

③少阴，太阴，太阳：这里的阴指假象，阳指真相。

译文

制造假象去迷惑敌人，可不是完全的假象，而是要巧妙地由虚变实，从假变真，让敌人误以为假象是真相。与此同时，还要用假象去掩盖真相，让敌人产生错觉，这样才能出其不意地攻击，取得胜利。

知识锦囊

无中生有

释　义：把没有说成有，形容不顾事实，凭空捏造。

近义词：捕风捉影　空穴来风　信口雌黄

活学活用：生命的开端最是玄妙，完全的无中生有。

——史铁生《记忆与印象》

zhāng xún jiè jiàn kàng dí
张巡借箭抗敌

扫码听故事

táng cháo shí qī ān lù shān shǐ sī míng bèi pàn táng cháo fā dòng le
唐朝时期，安禄山、史思明背叛唐朝，发动了
ān shǐ zhī luàn xǔ duō dì fāng guān lì fēn fēn tóu kào èr rén kě táng cháo de
安史之乱，许多地方官吏纷纷投靠二人。可唐朝的
jiàng lǐng zhāng xún **zhōng xīn gěng gěng** bú yuàn yì bèi pàn táng cháo qīn zì dài lǐng
将领张巡**忠心耿耿**，不愿意背叛唐朝，亲自带领
zhe liǎng sān qiān rén de jūn duì zhù shǒu gū chéng yōng qiū
着两三千人的军队驻守孤城雍丘。

唐朝时期的名臣，忠心不二，保卫了雍丘、宁陵、睢阳等地。

张巡

ān lù shān nù bù kě è yú shì pài chū tóu kào yú tā de líng hú
安禄山**怒不可遏**，于是派出投靠于他的令狐
cháo ràng tā dài zhe sì wàn rén de jūn duì qù wéi gōngyōng qiū
潮，让他带着四万人的军队去围攻雍丘。

suī rán líng hú cháo de jūn duì rén shù zhòng duō dàn shì yì shí jiān wú fǎ
虽然令狐潮的军队人数众多，但是一时间无法
gōng xià yōng qiū suī rán rú cǐ suí zhe zhàn dòu xiāo hào zhāng xún de jūn duì
攻下雍丘。虽然如此，随着战斗消耗，张巡的军队
zhōng kě yòng de jiàn yuè lái yuè shǎo xīn zhì zuò yòu lái bu jí
中可用的箭越来越少，新制作又来不及。

zhāng xún méi yǒu zú gòu de jiàn hěn nán dǐ dǎng dí jūn de jìn gōng yǎn
张巡没有足够的箭，很难抵挡敌军的进攻，眼

唐朝时期的藩镇割据将领，他背叛了唐朝，发动安史之乱，成为伪燕开国皇帝。

安禄山

kàn chéng mén jiù yào bèi gōng pò
看城门就要被攻破。
qíng jí zhī xià zhāng xún hū rán
情急之下，张巡忽然
xiǎng qǐ sān guó shí qī zhū gě liàng
想起三国时期诸葛亮
cǎo chuán jiè jiàn de gù shi yú
草船借箭的故事，于
shì xīn shēng yí jì tā mìng lìng
是心生一计。他命令
jiàng shì men kuài sù sōu jí jiē gǎn
将士们快速搜集秸秆
hé gān cǎo zā chéng jǐ qiān gè
和干草，扎成几千个
cǎo rén yòu gěi jǐ qiān gè cǎo rén
草人，又给几千个草人
chuān shàng hēi sè de yī fu děng
穿上黑色的衣服，等
dào wǎn shang yòng shéng zi màn màn
到晚上，用绳子慢慢
cóng chéng qiáng shang wǎng xià fàng
从城墙上往下放。
dàng wǎn yè sè hěn
当晚，夜色很
shēn líng hú cháo kàn dào zhè xiē
深，令狐潮看到这些
cǎo rén hòu yǐ wéi shì zhāng xún
草人后，以为是张巡
zhǔn bèi chèn zhe yè sè chū bīng
准备趁着夜色出兵，
tōu xí tā men tā jí máng xià
偷袭他们。他急忙下
lìng ràng jiàng shì men fàng jiàn shā
令，让将士们放箭杀

唐朝时期的大臣，安史之乱后，投靠反贼安禄山。

令狐潮

敌。城外顿时万箭齐发，矢下如雨。

就这样，张巡轻而易举地拿到了数十万支箭。天亮后，令狐潮知道自己中计了，气急败坏，捶胸顿足。

隔天夜晚，张巡又从城墙上向下放草人，敌军看到后，集体发出哄笑，没有理会。

张巡看到敌人已经放松警惕，于是立即放下

wǔ bǎi míng shì bīng dí bīng yǐ wéi shì cǎo rén méi yǒu fàng zài xīn shang zhè
五百名士兵，敌兵以为是草人，没有放在心上。这
wǔ bǎi míng shì bīng qiāo qiāo qián rù dí yíng dǎ de líng hú cháo cuò shǒu bù jí
五百名士兵悄悄潜入敌营，打得令狐潮**措手不及**。

zài zhàn jú duì jǐ fāng bú lì de qíng kuàng xià zhāng xún yī rán chén zhuó lěng
在战局对己方不利的情况下，张巡依然沉着冷
jìng yùn yòng le wú zhōng shēng yǒu zhī jì niǔ zhuǎn zhàn jú jī bài le
静，运用了“**无中生有**”之计，扭转战局，击败了
líng hú cháo shǒu zhù le yōng qiū
令狐潮，守住了雍丘。

生活思辨

lín lin hé xiǎo lù yì qǐ fàng xué huí jiā yù dào le yí gè mò shēng nán rén mò shēng nán rén xiào zhe
琳琳和小露一起放学回家，遇到了一个陌生男人，陌生男人笑着
wèn tā men xiǎo péng you nǐ men zhī dào xìng fú jiē zài nǎ lǐ ma
问她们：“小朋友，你们知道幸福街在哪里吗？”

lín lin gāng yào huí dá xiǎo lù lì kè dǎ duàn lín lin shuō shū shu wǒ bà ba mǎ shàng guò
琳琳刚要回答，小露立刻打断琳琳，说：“叔叔，我爸爸马上过
lái ràng tā dài nǐ qù ba mò shēng nán rén tīng hòu liǎn sè dà biàn lì kè lí kāi le
来，让他带你去吧。”陌生男人听后脸色大变，立刻离开了。

lín lin wèn nǐ bà ba yào lái ma xiǎo lù huí dá wǒ bà ba bù lái lín lin tā
琳琳问：“你爸爸要来吗？”小露回答：“我爸爸不来。琳琳，他
yǒu kě néng shì huài rén wǒ luàn shuō de yào bù rán tā bú huì zǒu
有可能是坏人！我乱说的，要不然他不会走。”

lín lin tīng hòu huí xiǎng mò shēng nán rén de fǎn yìng dùn shí yǒu xiē hòu pà duō kuī le xiǎo lù de
琳琳听后，回想陌生男人的反应，顿时有些后怕，多亏了小露的
wú zhōng shēng yǒu ràng tā men bì kāi le wēi xiǎn
“无中生有”，让她们避开了危险。

暗度陈仓

shì zhī yǐ dòng lì qí jìng ér yǒu zhǔ yì dòng ér xùn
示①之以动②，利其静而有主③，“《益》动而巽④”。

注释

shì ràng tā rén kàn dào
①示：让他人看到。

dòng yòng lái qī piàn dí rén de zuò fǎ
②动：用来欺骗敌人的做法。

zhǔ zhǔ yi xiǎng fǎ
③主：主意，想法。

yì dòng ér xùn chū zì yì jīng yì guà zhǐ tū rán xí jī chū qí bú yì de xíng dòng qǔ dé shèng lì
④《益》动而巽：出自《易经·益》卦，指突然袭击，出其不意地行动，取得胜利。

译文

jiǎ yì xíng dòng qù mí huò dí rén dāng dí rén bèi mí huò shí wǒ men huì cǎi qǔ yìng duì shǒu duàn jiè zhe zhè ge shí jī wǒ men kě yǐ tū rán xí jī chū qí bú yì de xíng dòng qǔ dé shèng lì
假意行动去迷惑敌人，当敌人被迷惑时，我们会采取应对手段。借着这个时机，我们可以突然袭击，出其不意地行动，取得胜利。

知识锦囊

shì yì zhǐ zhèng miàn mí huò dí rén cóng ér rào dào tōu xí yě zhǐ àn zhōng jìn xíng mǒu xiàng huó dòng
释 义：指正面迷惑敌人，从而绕道偷袭。也指暗中进行某项活动。

jìn yì cí tōu liáng huàn zhù tōu tiān huàn rì yí huā jiē mù
近义词：偷梁换柱 偷天换日 移花接木

huó xué huó yòng xǔ duō jūn shì jiā dōu shàn yú yùn yòng míng xiū zhàn dào àn dù chén cāng zhè yí jì móu
活学活用：许多军事家都善于运用“明修栈道，暗度陈仓”这一计谋。

邓艾灭蜀

扫码听故事

三国时期，魏国调动军队去征伐蜀国。魏国分兵两路，一路由邓艾带领，负责牵制在边境的蜀国军队；另一路由钟会带领，负责夺取剑阁。

蜀将姜维用计谋把钟会的军队拦在了剑阁的

姜维

三国时期蜀国名将，据守剑阁，挡住了钟会的军队。

wài miàn jiàn gé yīn dì xíng xiǎn jùn shān gāo gǔ
外面。剑阁因地形险峻，山高谷
shēn lù yòu xiá zhǎi yīn ér yì shǒu nán gōng
深，路又狭窄，因而**易守难攻**。

jiāng wéi bǎ shǒu zhe jiàn gé gù ruò jīn
姜维把守着剑阁，**固若金**
tāng zhōng huì huā le xǔ duō tiān qù gōng dǎ yī
汤。钟会花了许多天去攻打，依
rán tú láo wú gōng dèng ài dé zhī zhōng huì nà
然**徒劳无功**。邓艾得知钟会那
biān de zhàn kuàng hòu lì kè míng bai shǔ jūn de
边的战况后，立刻明白蜀军的
zhǔ lì bù duì dōu zài jiàn gé yú shì tā jué
主力部队都在剑阁。于是，他决
dìng tōu tōu dài bīng gōng dǎ shǔ jūn hòu fāng ràng zhōng huì lái xī yǐn shǔ jūn de zhù
定偷偷带兵攻打蜀军后方，让钟会来吸引蜀军的注
yì lì
意力。

dèng ài dài zhe yí duì jīng ruì shì bīng rào dào jiàn gé xī miàn de yì tiáo yáng cháng xiǎo dào xiàng nán jìn jūn lì jìn qiān xīn wàn kǔ huā le èr shí duō tiān cái lái dào jiāng yóu yóu rú shén bīng tiān jiàng ràng jiāng yóu de shǔ guó jiāng jūn mǎ miǎo cù bù jí fáng zhǐ néng tóu xiáng

邓艾带着一队精锐士兵绕到剑阁西面的一条羊肠小道，向南进军，历尽千辛万苦，花了二十多天才来到江油，犹如神兵天降，让江油的蜀国将军马邈猝不及防，只能投降。

dèng ài gōng xià jiāng yóu hòu tōng wǎng chéng dū de lù shang zhǐ shèng xià fú

邓艾攻下江油后，通往成都的路上只剩下涪

líng mián zhú liǎng gè guān kǒu fú líng yóu zhū gě liàng de ér zi zhū gě zhān bǎ
陵、绵竹两个关口。涪陵由诸葛亮的儿子诸葛瞻把
shǒu shuāng fāng jiāo zhàn shǔ jūn dà bài zhū gě zhān dài zhe jūn duì lái dào mián
守。双方交战，蜀军大败，诸葛瞻带着军队来到绵
zhú fáng shǒu
竹防守。

dèng ài jiē zhe jìn gōng mián zhú tóng shí xiě xìn quàn zhū gě zhān tóu
邓艾接着进攻绵竹，同时写信劝诸葛瞻投
xiáng zhū gě zhān méi yǒu tóng yì dài zhe jūn duì zài cì yìng zhàn jié guǒ zhàn
降。诸葛瞻没有同意，带着军队再次应战，结果战
sǐ shā chǎng
死沙场。

dèng ài zhōng yú gōng dǎ xià le mián zhú mián zhú shī shǒu xià yí gè
邓艾终于攻打下了绵竹，绵竹失守，下一个
jiù shì chéng dū shǔ guó de huáng dì liú shàn jīng huāng shī cuò jìng fèng le huáng
就是成都。蜀国的皇帝刘禅惊慌失措，敬奉了皇

dì de yìn xìn lái dào dèng ài de jūn yíng tóu xiáng
帝的印信，来到邓艾的军营投降。

zhèng zài jiàn gé dǐ yù zhōng huì de jiāng wéi dé zhī le dèng ài qí xí shǔ
正在剑阁抵御钟会的姜维得知了邓艾奇袭蜀

dì yǐ jí liú shàn tóu xiáng de xiāo xi bēi tòng yù jué kě xī shǔ guó de miè
地以及刘禅投降的消息，**悲痛欲绝**，可惜蜀国的灭

wáng yǐ chéng dìng jú dèng ài yí jì àn dù chén cāng niǔ zhuǎn le shuāng fāng
亡已成定局。邓艾一计“**暗度陈仓**”扭转了双方

jiāng chí de jú shì shǐ wèi guó yíng dé le zhàn zhēng de shèng lì
僵持的局势，使魏国赢得了战争的胜利。

生活思辨

qī mò kǎo shì dàng tiān xiǎo míng hé xiǎo jūn tí qián lái dào le xué xiào bú guò lái de tài zǎo xiào mén
期末考试当天，小明和小军提前来到了学校，不过来得太早，校门

hái suǒ zhe
还锁着。

hū rán yí gè mò shēng nán rén ná zhe jǐ zhāng zhǐ tiáo zǒu guò lái shuō xiǎo péng you xū yào
忽然，一个陌生男人拿着几张纸条走过来说：“小朋友，需要

kǎo shì shén qì ma yuán lái mò shēng nán rén shǒu zhōng de zhǐ tiáo shì xiǎo chāor
‘考试神器’吗？”原来，陌生男人手中的纸条是“小抄儿”。

xiǎo míng hé xiǎo jūn dōu rèn wéi chāo xí shì kě chǐ de xíng wéi yú shì xiǎo míng gěi xiǎo jūn shǐ le gè yǎn
小明和小军都认为抄袭是可耻的行为。于是，小明给小军使了个眼

sè xiǎo jūn lì kè huì yì tōu tōu qù zhǎo le xué xiào de bǎo ān lìng yí miàn xiǎo míng jiǎ yì gòu mǎi
色，小军立刻会意，偷偷去找了学校的保安；另一面，小明假意购买

xiǎo chāor yǐ zī xún jià gé de míng yì tuō zhù le mò shēng nán rén
“小抄儿”，以咨询价格的名义拖住了陌生男人。

xiǎo míng hé xiǎo jūn yòng le yì zhāo àn dù chén cāng chéng gōng de ràng mò shēng nán rén bèi bǎo ān
小明和小军用了一招“暗度陈仓”，成功地让陌生男人被保安

gǎn zǒu wú fǎ zài jiào suō qí tā tóng xué zuò bì le
赶走，无法再教唆其他同学作弊了。

三十六计 第九计

隔岸观火

阳①乖②序乱，阴③以待逆。暴戾恣睢④，其势自毙。顺以动《豫》，《豫》顺以动⑤。

注释

①阳：代指敌人。

②乖：反常，不和谐。

③阴：代指自己。

④暴戾恣睢：凶残横暴，为所欲为。

⑤顺以动《豫》，《豫》顺以动：出自《周易·豫》卦，意思是顺应时势去开展行动。

译文

当敌人的内部反常，发生内斗时，我们应该静观其变，等待情况进一步恶化。如果敌人凶残横暴，为所欲为，那么他们一定是自掘坟墓，我方要顺应时势去开展行动，自然可以一举获胜。

知识锦囊

隔岸观火

释　义：站在对岸观望火灾，不给予帮助。比喻对别人的危难不施以援手，反而采取看热闹的态度。

近义词：置身事外　袖手旁观　坐山观虎斗

活学活用：在别人危难的时候，我们应该挺身而出，不应该隔岸观火。

sū dài jiù zhào yǒng fù qín

苏代救赵勇赴秦

扫码听故事

gōng yuán qián nián, qín jiàng bái qǐ dà pò zhào jūn, zhào guó wēi zài dàn xī. wèi le jiù zhào guó, sū dài zuò wéi shǐ zhě, lái dào le qín guó de xián yáng qiú hé, tā dài zhe hòu lǐ bài jiàn qín guó de zǎi xiàng fàn jū.

公元前260年，秦将白起大破赵军，赵国**危在旦夕**。为了救赵国，苏代作为使者，来到了秦国的咸阳求和，他带着厚礼拜见秦国的宰相范雎。

sū dài duì fàn jū shuō: bái qǐ shā sǐ le zhào kuò, bāo wéi le hán dān. tā rú guǒ miè diào le zhào guó, bì huì chéng wéi qín guó de tóu hào gōng chén, kǒng pà nín jiāng lái yě bù dé bù wèi jū qí xià.

苏代对范雎说：“白起杀死了赵括，包围了邯郸。他如果灭掉了赵国，必会成为秦国的头号功臣，恐怕您将来也不得不位居其下。”

fàn jū yì yán bù fā, sū dài jì xù shuō: rú jīn de zhào guó bù

范雎**一言不发**，苏代继续说：“如今的赵国**不**

战国时期的谋略家，巧舌如簧。

堪一击，赵王愿割地求和，如果您能劝说秦王跟赵国讲和，那么白起灭亡赵国的功劳便不存在了，您的地位也会更稳固。”

范雎连忙点头，当天就跑去劝秦王跟赵国讲和：“将士们长期作战，早已人困马乏，不如同意赵国割地求和，我们也好休养生息。”秦王同意了，接受了赵国割让的六座城。

白起被召回师，眼看到手的功劳就这样没了，心里很不舒服。后来得知这是范雎的建议，他从此便跟范雎老死不相往来。

另一边，苏代一直在悄悄探听秦国的消息，得知范雎和白起之间不和，他知道赵国大概率是安全了。

两年后，秦

wáng yòu fā bīng gōng dǎ zhào guó de
王又发兵攻打赵国的

hán dān bái qǐ jiǎ zhuāng bào bìng
邯郸。白起假装抱病

bù chū wú nài zhī xià qín wáng
不出。无奈之下，秦王

zhǐ néng ràng wáng líng dài bīng qián wǎng
只能让王陵带兵前往。

秦国宰相，为人善辩，有谋略，帮助秦国成为一代强国。

范雎

zhào guó pài chū lǎo jiàng lián
赵国派出老将廉

pō wáng líng bù dí qín wáng
颇，王陵不敌。秦王

ràng bái qǐ chóng xīn guà shuài chū zhēng bái qǐ shuō lián pō shì zhào guó lǎo
让白起重新挂帅出征，白起说："廉颇是赵国老

jiàng hěn nán qǔ shèng ér qiě liǎng guó yǐ jīng jiǎng hé xiàn zài jìn gōng zhào
将，很难取胜，而且两国已经讲和，现在进攻赵

guó huì xiǎn de méi yǒu xìn yòng
国，会显得没有信用。"

qín wáng méi bàn fǎ zhǐ néng ràng fàn jū qù dòng yuán bái qǐ què bú
秦王没办法，只能让范雎去动员，白起却不

jiàn fàn jū
见范雎。

qín guó de jūn duì lǚ zhàn lǚ bài qín wáng xīn jí rú fén zài cì
秦国的军队**屡战屡败**，秦王**心急如焚**，再次
mìng lìng bái qǐ guà shuài bái qǐ yī jiù ná bìng zhòng tuī tuō
命令白起挂帅，白起依旧拿病重推脱。

fàn jū yì xīn xiǎng chú diào bái qǐ chèn jī quàn shuō qín wáng jiǎ
范雎一心想除掉白起，趁机劝说秦王：“假
rú bái qǐ pǎo qù bié de guó jiā wéi bié guó suǒ yòng yǐ tā de jūn shì cái
如白起跑去别的国家，为别国所用，以他的军事才
néng hé duì qín guó de liǎo jiě duì qín guó lái shuō shì gè yǐn huàn qín
能和对秦国的了解，对秦国来说是个隐患。”秦
wáng yì tīng jué de yǒu dào lǐ yú shì cì bái qǐ zì wěn yīn cǐ qín
王一听，觉得有道理，于是赐白起自刎。因此，秦
guó shī qù yì yuán dà jiàng ér zhào guó zé chú le xīn fù dà huàn
国失去一员大将，而赵国则除了**心腹大患**。

白起

战国时期的军事家，担任秦国将军几十年，战功赫赫。

bái qǐ zhī sǐ qǐ yīn shì sū dài diǎn rán le fàn jū de dù jì zhī
白起之死，起因是苏代点燃了范雎的妒忌之
huǒ shǐ qín guó wén wǔ bù hé zhào guó zé gé àn guān huǒ bì miǎn le
火，使秦国文武不和，赵国则隔岸观火，避免了
wáng guó zhī huàn
亡国之患。

生活思辨

xiǎo yè shì xué xiào zú qiú duì de jīn pái hòu wèi zài yí cì zú qiú bǐ sài zhōng shuāng fāng bǐ fēn
小叶是学校足球队的“金牌后卫”，在一次足球比赛中，双方比分
jī běn chí píng xiǎo yè de duì wu fēn shù shāo gāo yì xiē bǐ sài kuài yào jié shù le zhǐ yào bǎo chí zhù jiù kě
基本持平，小叶的队伍分数稍高一些，比赛快要结束了，只要保持住就可
yǐ yíng dé bǐ sài
以赢得比赛。

wú nài duì miàn qiú yuán de gōng shì hěn měng liè yǎn kàn jiù yào jìn qiú xiǎo yè běn xiǎng qián qù zǔ lán
无奈对面球员的攻势很猛烈，眼看就要进球，小叶本想前去阻拦，
kě shì xì xīn de xiǎo yè fā xiàn duì miàn de liǎng wèi qián fēng mào sì bú tài hé qi yì zhí zài qiǎng qiú
可是，细心的小叶发现对面的两位前锋貌似不太“和气”，一直在抢球，
shuí yě bú ràng shuí
谁也不让谁。

xiǎo yè jiàn zhuàng fàng màn le jiǎo bù jǐn kě néng bù biǎo xiàn de jìn gōng xìng hěn qiáng dāng liǎng rén zhuān zhù
小叶见状放慢了脚步，尽可能不表现得进攻性很强。当两人专注
yú qiǎng qiú shí xiǎo yè zhuā zhù shí jī jiāng zú qiú dài zǒu tī gěi le yuǎn chù de duì yǒu
于抢球时，小叶抓住时机，将足球带走，踢给了远处的队友。

yǔ cǐ tóng shí bǐ sài shí jiān dào le xiǎo yè de duì wu yíng dé le zú qiú bǐ sài duì yǒu men yì zhí zài
与此同时，比赛时间到了。小叶的队伍赢得了足球比赛，队友们一直在
chēng zàn xiǎo yè zhè yì zhāo gé àn guān huǒ yòng de miào wèi yíng dé bǐ sài zhēng qǔ le bǎo guì shí jiān
称赞小叶这一招“隔岸观火”用得妙，为赢得比赛争取了宝贵时间。

中国古代兵器

古代的将士们在打仗时都使用什么武器来进攻敌军呢？

刀

一种用于近距离砍和劈的单兵格斗冷兵器，是战场上常见的兵器。如普通的砍刀、宋朝有名的斩马刀、明代锦衣卫所佩的绣春刀等。

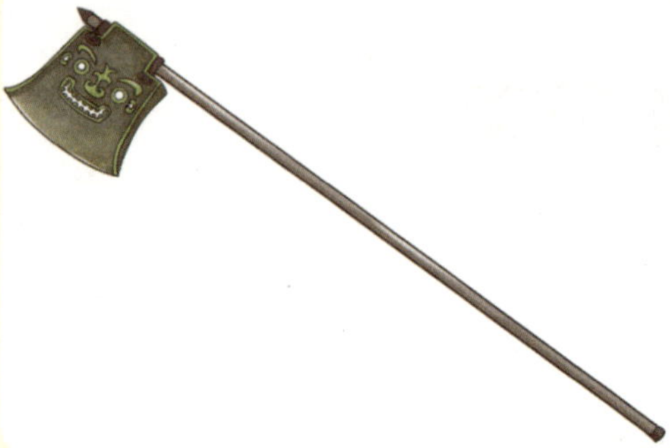

钺

一种用于劈砍的格斗冷兵器，也是军权的象征，往往刻有人面或兽面等纹饰。

剑

一种用于近战刺杀和劈砍的尖刃冷兵器，常配有剑鞘。短剑一般用作防身，长剑一般用作战斗。

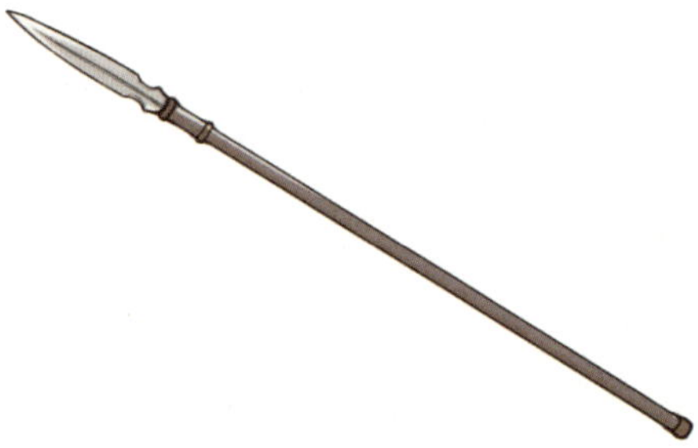

矛

一种用于直刺，扎挑的格斗冷兵器。矛长通常为 1.8～2.7 米，最长的能够达到 4 米多！如普通的长矛、矛头如蛇形的蛇矛等。

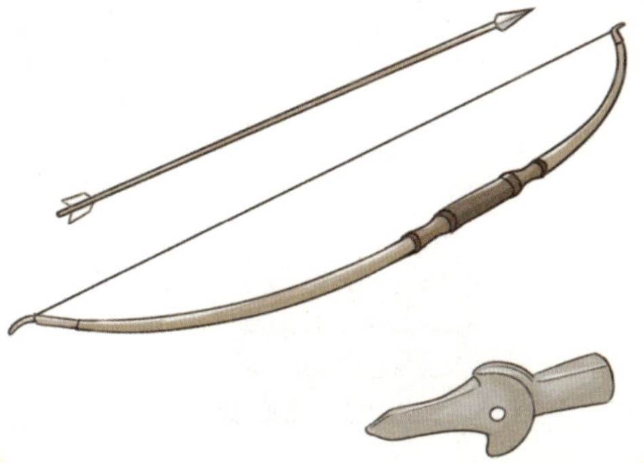

弓箭

一种以弓发射的具有锋刃的远射兵器。弓由有弹性的弓臂和有韧性的弓弦构成，箭包括箭头、箭杆和箭羽。箭头分为许多不同的形状，如锥形箭、破甲箭、倒刺箭等。

小贴士：号箭的箭头处有两个特制的穿孔，射出去后有哨声，以此来发送信号，基本没有杀伤力。

弩

一种装有控制装置，可待机发射的远射兵器。由弩弓、弩臂、弩机三部分组成。如汉朝的大黄弩、三国时期的诸葛连弩等。

戟

一种将矛和戈的功能合为一体的格斗冷兵器，最长可达3米多。是步兵、骑兵常使用的兵器。如剑形戟、钩戟、卜字戟等。

匕首

一种短小似剑的冷兵器，基本长为20～30厘米，因此容易藏匿。

中国古代防具

古代的将士们在打仗时都使用什么防具来抵御敌军的进攻呢？

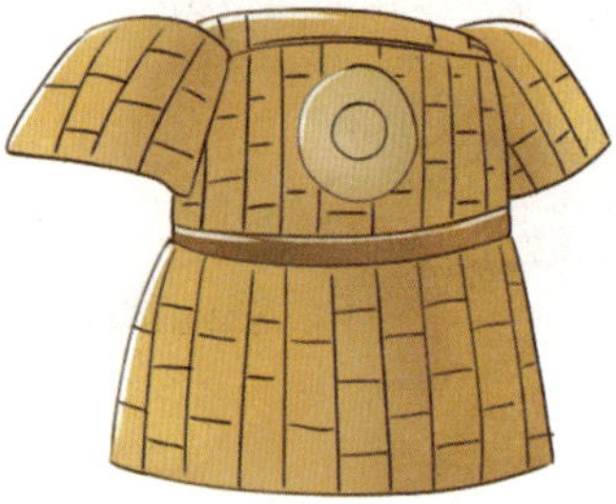

盔甲

按结构的不同，古代盔甲可以分为鳞甲、锁甲、札甲和板甲四种类型。

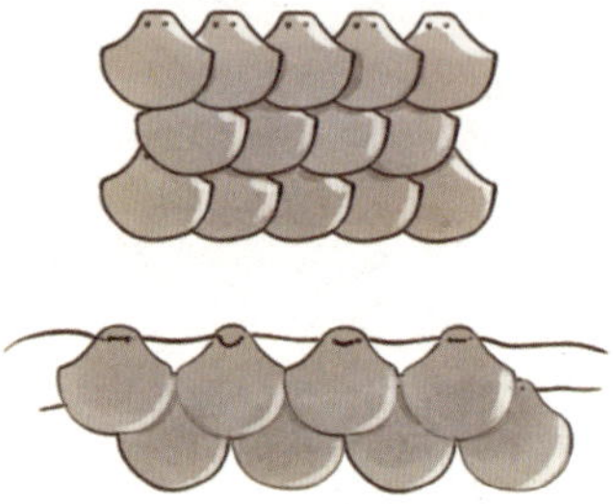

鳞甲

鳞甲是将甲片按照鱼鳞状重叠排列，缝制或钉在内衬上。

锁甲

锁甲是由金属环相连，编织构成的盔甲，适用于对抗刀刃、弓箭等冷兵器。

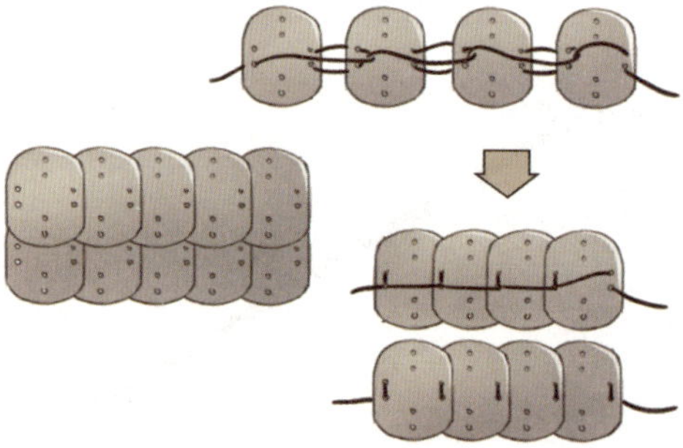

札甲

札甲是由金属甲片用绳索连接，纵横两个方向叠压编制而成。

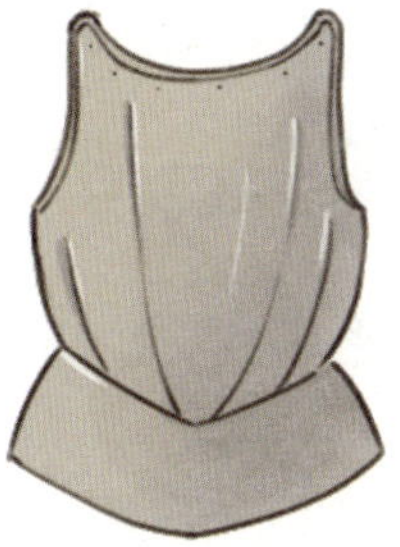

板甲

板甲是由经过塑形的大块板状金属制造而成的一种盔甲，韧性强、硬度高。

盾

一种手持的防护兵器。古代将士在作战时，通常左手持盾以掩蔽身体。如西汉时期常用的双弧盾、古罗马时期有名的大盾、明朝时期盛行的藤盾等。

马甲

骑兵战马所披戴的铠甲，使战马除耳、目、口、鼻及四肢、尾巴外露外，保护其全身。随着重甲骑兵的日渐减少，明清时期，骑兵的战马一般不再披戴笨重的马甲。

小贴士：马甲经后世演变，变为人类的一种不带袖子和领子的上衣。

护心镜

古代镶嵌在战衣胸背部位用以防箭的铜镜。

读后感

亲爱的小朋友，《三十六计》已经被你读完一册啦！

请把你的收获及心中的感悟记录在这里吧！

活学活用

三十六计

2

刘硕 编著

航空工业出版社
北京

内容提要

《活学活用三十六计》沿袭原著选篇，精选经典有趣的历史故事，原创趣味爆笑漫画，还原儿童可能遇到的生活场景，教会孩子应对困难的方法，培养孩子思考问题的思路和策略，助力儿童智慧成长。

图书在版编目（CIP）数据

活学活用三十六计．2 / 刘硕编著．— 北京 ：航空工业出版社，2024.1

ISBN 978-7-5165-3606-3

Ⅰ．①活… Ⅱ．①刘… Ⅲ．①《三十六计》—通俗读物 Ⅳ．① E892.2-49

中国国家版本馆 CIP 数据核字（2024）第 017618 号

活学活用三十六计 2

Huoxue Huoyong Sanshiliuji · Er

航空工业出版社出版发行

（北京市朝阳区京顺路 5 号曙光大厦 C 座四层　100028）

发行部电话：010-85672688　010-85672689

天津创先河普业印刷有限公司印刷　　全国各地新华书店经售

2024 年 1 月第 1 版　　2024 年 1 月第 1 次印刷

开本：787×1092　1/16　　字数：56 千字

印张：4　　定价：120.00 元（全 4 册）

前言

sān shí liù jì shì zhōng guó gǔ dài gè bīng fǎ cè lüè
《三十六计》是中国古代36个兵法策略，
yuán yú nán běi cháo chéng shū yú míng qīng tā shì gēn jù wǒ guó gǔ dài
源于南北朝，成书于明清。它是根据我国古代
zhuó yuè de jūn shì sī xiǎng hé fēng fù de dòu zhēng jīng yàn zǒng jié ér chéng de
卓越的军事思想和丰富的斗争经验总结而成的
bīng shū shì zhōng huá mín zú wén huà zhōng de yì duǒ qí pā
兵书，是中华民族文化中的一朵奇葩。

zài gǔ shí hou sān shí liù jì shì dì wáng jiàng xiàng míng
在古时候，《三十六计》是帝王将相、名
mén jiā zú zǐ dì de bì xiū zhī kè rú jīn sān shí liù jì shì
门家族子弟的必修之课。如今，《三十六计》是
jiào yù bù tuī jiàn de kè wài yuè dú shū mù zhī yī hái bèi hā fó shāng
教育部推荐的课外阅读书目之一，还被哈佛商
xué yuàn měi guó xī diǎn jūn xiào děng míng xiào liè wéi bì dú shū mù
学院、美国西点军校等名校列为必读书目。

běn shū zài biān xiě guò chéng zhōng bù jǐn duì gè jì cè de wén
本书在编写过程中，不仅对36个计策的文
yán wén jìn xíng le zhù jiě fān yì ér qiě tí liàn chū le chéng yǔ de
言文进行了注解、翻译，而且提炼出了成语的

释义、近义词，并配以例句，丰富孩子的写作素材。除此之外，36个计策分别搭配了一个有趣、极富内涵的经典历史故事，并配以风格幽默的精美插图，同时添加了“生活思辨”部分，让古人的智慧计策穿越千年，来到孩子们的日常生活和学习生活当中，让孩子们学会如何在古人的故事中汲取计谋与智慧，明白如何做人、做事，增强学习能力，懂得处理与家长、老师、同学等的关系……

这是一套集知识性、趣味性、实用性于一身的、专属于孩子们的《三十六计》，让他们读故事，学历史，晓兵法，懂生活，成为一个足智多谋的、能够独立思考的人。

目录

笑里藏刀

信而安之，阴①以图②之，备③而后动，勿使有变。刚中柔外也④。

注释

①阴：暗地里。

②图：图谋，筹划。

③备：充分的准备。

④刚中柔外也：表面温和，实则刚硬的计谋。

译文

表面上要让敌人相信我们，那样他们才会安心；暗地里我们要筹划好一切，有了充分的准备以后再行动，不要让对方察觉到这种变化。这是一种表面温和，实则刚硬的计谋。

知识锦囊

笑里藏刀

释 义： 虽然脸上挂着笑容，但是心中藏着尖锐的刀，常用来形容一个人的外表和善，内心十分阴险毒辣。

近义词： 口蜜腹剑 佛口蛇心 绵里藏针

活学活用： 他平日笑不离脸，可真是笑里藏刀。

宋太祖杯酒释兵权

扫码听故事

961年，丞相赵普担心石守信等人的部下因贪图富贵拥兵叛变，数次提醒宋太祖赵匡胤记住陈桥兵变的历史，避免类似的事件重演。

于是，赵匡胤请了石守信等禁军高级将领喝酒。在酒兴正浓的时候，赵匡胤突然让身边的侍卫离开，叹了一口气说：“如果没有你们，我是坐不了现在这个位置的，我发自内心地感谢你们。可是，当皇帝太难了，我经常**夜不能寐**！”

北宋开国功臣，策划发动陈桥兵变，协助赵匡胤建立北宋。

石守信等人非常惊讶，赶紧询问赵匡胤原因。赵匡胤继续说：“我这个皇帝的位置，谁都想要来坐，我自然是如履薄冰。我很担心再次上演‘陈桥兵变’的事件。”

石守信等人听后，立即明白了赵匡胤的意思，连忙说：“陛下何出此言？现在没有人有异心。”

北宋开国名将，率军讨伐平定了李筠、李重进的叛乱。

石守信

赵匡胤回答：“我知道你们没有异心，可你们的部下未必啊！他们一旦把龙袍披在你们的身上，哪怕你们不想当皇帝，也身不由己啊。”

这些将领立刻惊恐地哭了起来，赵匡胤缓缓说道：“人生是很短暂的，如白驹过隙，不如多置办一些良田美宅，传给子孙后代。我再同你们结为姻亲，这样一来，你们既可以安享晚年，我们君臣

zhī jiān yòu méi le cāi yí bù hǎo ma
之间又没了猜疑，不好吗？”

cì rì shí shǒu xìn děng rén fēn fēn shēng chēng zì jǐ shēng bìng yāo qiú
次日，石守信等人纷纷声称自己生病，要求
jiě chú bīng quán jiě jiǎ guī tián zhào kuāng yìn kāi xīn de tóng yì le bìng gěi
解除兵权，**解甲归田**。赵匡胤开心地同意了，并给
le tā men yōu hòu de shǎng cì
了他们优厚的赏赐。

zhào kuāng yìn yòng yì zhāo xiào lǐ cáng dāo zhī jì jì bǎo zhù le jūn
赵匡胤用一招“**笑里藏刀**”之计，既保住了君
chén zhī jiān de guān xì yòu ná huí le bīng quán
臣之间的关系，又拿回了兵权。

赵匡胤

宋朝开国皇帝，他建立了宋朝，结束了五代十国的混乱局面。

生活思辨

商店门口，婷婷和小雅想买薯片吃，可忘了带钱。忽然，路边走来一位慈眉善目的阿姨。她笑着说自己家的商店也有薯片，可以送她们一包，跟她去取就好。

婷婷听后高兴极了，可小雅觉得事情不对劲，直接拉走了婷婷，飞快地跑回家给爸爸打电话。

原来，小雅的爸爸是一名警察。根据婷婷和小雅提供的信息，警方判定那位阿姨是一位正在被通缉的人贩子！

婷婷和小雅看到通缉令上那位阿姨的照片，吓得脊背发凉，她们差一点儿就中了坏人的“笑里藏刀”之计。因此，我们千万不要被坏人和善的外表所欺骗，要时刻提高警惕，才能保护好自己。

第十一计 李代桃僵

势必有损①，损阴②以益阳③。

注释

①损：损失。

②阴：代指次要的、小部分的利益。

③阳：代指重要的、整体的利益。

译文

当我们跟敌人作战时，如果情况已经严重到必须要有损失的时候，那么一定要损失次要的、小部分的利益，去保全重要的、整体的利益。

知识锦囊

李代桃僵

释　义：李树代替桃树而死，比喻代替他人承受过错。后用来表示顶替或代人受过。

近义词：代人受过　张公吃酒李公醉

活学活用：真想不到，他竟然做了那么多李代桃僵的罪恶勾当。

义士设计救孤儿

扫码听故事

春秋时期，晋景公听信了奸臣屠岸贾的谗言，下令灭掉赵氏家族。屠岸贾带着三千人把赵府团团围住，几乎杀光了赵家全部的人。幸好赵朔的妻子庄姬公

春秋时期晋国人，出身官宦世家，在晋灵公和晋景公时期都当过大夫的官职。

屠岸贾

zhǔ zǎo yǐ bèi sòng jìn le gōng zhōng tú àn gǔ zhī dào hòu xiǎng gǎn jìn shā
主早已被送进了宫中。屠岸贾知道后，想**赶尽杀**
jué ràng jìn jǐng gōng shā diào zhuāng jī gōng zhǔ
绝，让晋景公杀掉庄姬公主。

jìn jǐng gōng bú yuàn yì shā zhuāng jī gōng zhǔ kuàng qiě tā yǒu yùn zài shēn
晋景公不愿意杀庄姬公主，况且她有孕在身。

tú àn gǔ jiàn jìn jǐng gōng bù shā zhuāng jī gōng zhǔ yú shì zài xīn
屠岸贾见晋景公不杀庄姬公主，于是在心
lǐ mò mò chóu huà dǎ suàn děng hái zi chū shēng hòu shā diào hái zi yǐ biàn
里默默筹划，打算等孩子出生后杀掉孩子，以便
zhǎn cǎo chú gēn
斩草除根。

bù jiǔ hòu zhuāng jī gōng
不久后，庄姬公
zhǔ shēng xià le yí gè nán yīng
主生下了一个男婴。
tú àn gǔ lì kè dài rén rù gōng sōu
屠岸贾立刻带人入宫搜

春秋时期晋国第二十六代君主，晋文公之孙，曾击败齐国。

晋景公

查，庄姬公主将男婴藏在裤子中，躲过了搜查。屠岸贾猜测男婴已经被悄悄送出宫，于是立即悬赏缉拿。赵家的忠实门客程婴想了一个营救男婴的计策：将另一个男婴与赵家的男婴对换。

此时，程婴的妻子恰好也生下了一个男婴，他决定用自己的亲生儿子代替赵家的男婴。他忍着悲痛，说服了妻子。一切准备妥当后，程婴便向屠岸贾举报，告知了“赵家男婴”的藏匿地点。屠岸贾迅速带兵前去，果然，在一间茅草屋中找到了一个男婴。

春秋时期晋国义士，晋国大臣赵朔的好友。

于是，屠岸贾摔死了襁褓中的婴儿。他认为心腹大患已除，便放松了警戒。程婴强忍着悲痛带着真正的赵家遗孤逃往别处隐居生活。多亏了这一出“李代桃僵”之计，男婴才有机会长大成人。十五年后，当知道自己的身世后，男孩经过一系列筹划，终于杀了奸臣屠岸贾，为赵家报了血海深仇。

生活思辨

tǐ yù kè shang xué shēng fēn wéi liǎng zǔ wán qǐ le diū shā bāo de yóu xì měi yì lún yóu yì rén
体育课上，学生分为两组，玩起了丢沙包的游戏。每一轮由一人

diū shā bāo bèi dǎ zhòng de rén huì bèi fá xià
丢沙包，被打中的人会被罚下。

xiǎo jūn suǒ zài de duì wu gòng rén shí jǐ lún jié shù hòu shèng xià xiǎo jūn hé hǎo yǒu dà jùn kě
小军所在的队伍共 8 人，十几轮结束后，剩下小军和好友大俊，可

duì fāng de duì wu zhǐ shèng xià rén
对方的队伍只剩下 1 人。

xiǎo jūn de lì qi hěn xiǎo kě dòng zuò mǐn jié dà jùn de lì qi dà diū shā bāo zhǔn kě dòng zuò
小军的力气很小，可动作敏捷；大俊的力气大，丢沙包准，可动作

bèn zhuō dāng lún dào duì fāng chū shǒu de shí hou tā míng xiǎn xiǎng yào jiāng shā bāo diū zài dà jùn shēn shang
笨拙。当轮到对方出手的时候，他明显想要将沙包丢在大俊身上，

xiǎo jūn bú què dìng dà jùn néng fǒu duǒ kāi yú shì tā jué dìng zhuàng zài shā bāo shang wèi dà jùn dǎng yí cì
小军不确定大俊能否躲开，于是他决定撞在沙包上，为大俊挡一次，

zhǐ yào zhè lún dà jùn bú xià chǎng jiù yǒu shèng lì de jī huì
只要这轮大俊不下场，就有胜利的机会。

xiǎo jūn mǐn jié de dǎng zhù le shā bāo hòu bèi táo tài dà jùn bú fù suǒ wàng jīng zhǔn de táo tài le duì
小军敏捷地挡住了沙包后被淘汰，大俊不负所望，精准地淘汰了对

fāng de zuì hòu yí wèi duì yuán yíng dé le shèng lì
方的最后一位队员，赢得了胜利。

suī rán xiǎo jūn sǔn shī le zì jǐ dàn shì bǎo zhù le dà jùn yǐ xiǎo de xī shēng huàn qǔ le dà de
虽然小军损失了自己，但是保住了大俊，以小的牺牲换取了大的

shèng lì zhè zhèng shì lǐ dài táo jiāng zhī jì de jīng suǐ
胜利，这正是“李代桃僵”之计的精髓。

顺手牵羊

微隙[①]在所必乘，微利[②]在所必得。少阴[③]，少阳[④]。

注释

①微隙：极小的空隙。

②微利：极少的利益。

③阴：代指疏忽、失误。

④阳：代指胜利、益处。

译文

即使敌人只出现了极小的空隙，我们也要趁机利用；即使只是极少的利益，我们也势在必得。敌人微小的疏忽、失误，可以被我们利用，变成自己的胜利、益处。

知识锦囊

顺手牵羊

释 义：顺手把人家的羊牵走，比喻趁着合适的机会，利用敌人，或抓住敌人的漏洞，打击敌人。

近义词：趁人之危 落井下石

活学活用：他走过别人的瓜地的时候，顺手牵羊摘了一个西瓜。

gěng yǎn zhì yǒng píng jǐ nán
耿弇智勇平济南

扫码听故事

dōng hàn shí qī zhāng bù gē jù yì fāng zì fēng wéi qí wáng guāng wǔ dì
东汉时期，张步割据一方，自封为齐王。光武帝
liú xiù dà nù pài chū gěng yǎn tǎo fá zhāng bù
刘秀大怒，派出耿弇讨伐张步。

zhāng bù dé zhī cǐ shì hòu zhī dào gěng yǎn shàn yú yòng bīng biàn pài chū
张步得知此事后，知道耿弇善于用兵，便派出
fèi yì yíng zhàn
费邑迎战。

gěng yǎn hěn kuài biàn gōng xià le zhù ē děng chéng chí dǎ xià chéng chí hòu
耿弇很快便攻下了祝阿等城池，打下城池后，
què gù yì fàng kāi yí gè quē kǒu ràng bù fen shǒu dí bù zhòng táo zǒu zhōng chéng
却故意放开一个缺口，让部分守敌部众逃走。钟城

张步

东汉初年割据军阀，占领了齐地的十二郡。

守军听说祝阿已被攻破，都十分恐慌，于是弃城逃亡。

耿弇顺势占领了钟城，可是他手中兵力不足，正面对战费邑胜算不高。此时，费邑的弟弟费敢驻扎在巨里。耿弇深知费邑为人浮躁，若此时进攻巨里，费邑必然带兵支援。

于是，耿弇率领大军，集结压迫巨里。同时下令让军中立刻准备攻城工具，让全军在三日之后全力进攻巨里。然后，暗中让几个俘虏逃走，让俘虏把这些命令散布到费邑那里去。三天后，费邑果然率领三万多精兵，前来支援巨里。耿弇见费邑中计，心中大喜，对诸将说：“我之所以要散布进攻巨里的命令，是因为要迷惑敌人。我的真正目标，并非巨里，而是费邑的这支军队。”

耿弇便留下了一部分士兵牵制巨里的敌军，自己则率军在前往巨里的路上占据高地做好埋伏，等费邑带领军队到来，立刻从高处而下，大破敌军，斩首

费邑。

耿弇得知费敢胆小懦弱，他便把费邑的首级悬挂在巨里城墙上。城中的人十分恐惧，费敢见状也大惊失色，立刻率领军队出城投奔张步。巨里城中没有了守卫，耿弇轻松攻城，拿下巨里。耿弇聚集了敌军留下的粮草，集合兵力平定了济南，为

jī bài zhāng bù diàn dìng le jī chǔ
击败张步奠定了基础。

gěng yǎn yí cì yòu yí cì zhuā zhù dí jūn de lòu dòng bìng zhǎn kāi gōng jī
耿弇一次又一次抓住敌军的漏洞并展开攻击，

shùn shǒu qiān yáng zhàn lǐng le duō zuò chéng chí
顺手牵羊，占领了多座城池。

生活思辨

xiǎo yǔ péi nǎi nai qù chāo shì mǎi shuǐ guǒ tā men lái dào guǒ shū qū hòu xiǎo yǔ qù bāng nǎi nai qǔ zhuāng shuǐ guǒ de sù liào dài
小雨陪奶奶去超市买水果，他们来到果蔬区后，小雨去帮奶奶取装水果的塑料袋。

hū rán yí gè ā yí qiǎng zài le xiǎo yǔ qián miàn yì kǒu qì chě le hǎo duō sù liào dài bìng tōu tōu sāi jìn bēi bāo cōng míng de xiǎo yǔ lì kè yì shí dào zhè ge ā yí xiǎng shùn zǒu zhè xiē sù liào dài
忽然，一个阿姨抢在了小雨前面，一口气扯了好多塑料袋并偷偷塞进背包。聪明的小雨立刻意识到这个阿姨想“顺”走这些塑料袋。

yú shì xiǎo yǔ gù yì fàng dà yīn liàng shuō ā yí nǐ shì bu shì yào mǎi hěn duō dōng xi jì de gěi wǒ liú jǐ gè sù liào dài ya xiè xie ā yí
于是，小雨故意放大音量说：“阿姨，你是不是要买很多东西？记得给我留几个塑料袋呀，谢谢阿姨。”

xiǎo yǔ huà yīn gāng luò zhōu wéi rén de mù guāng jiù jī hū dōu luò zài le zhè ge ā yí shēn shang tā hóng zhe liǎn qǔ chū bēi bāo zhōng de sù liào dài kuài bù lí kāi
小雨话音刚落，周围人的目光就几乎都落在了这个阿姨身上，她红着脸取出背包中的塑料袋，快步离开。

suī rán sù liào dài hěn pǔ tōng dàn shì tān xiǎo pián yi shì cuò wù de xíng wéi chōng mǎn zhèng yì gǎn de xiǎo yǔ chéng gōng zǔ zhǐ le yí cì shùn shǒu qiān yáng nǎi nai gěi tā shù qǐ le dà mǔ zhǐ
虽然塑料袋很普通，但是贪小便宜是错误的行为。充满正义感的小雨成功阻止了一次“顺手牵羊”，奶奶给她竖起了大拇指。

打草惊蛇

yí yǐ kòu shí chá ér hòu dòng fù zhě yīn zhī méi yě
疑以叩①实，察而后动；复②者，阴之媒③也。

注释

kòu xún wèn diào chá zhuī jiū
①叩：询问，调查追究。

fù chóng fù
②复：重复。

méi shǒu duàn fāng fǎ
③媒：手段，方法。

译文

kě yí de dì fang yí dìng yào diào chá zhuī jiū bì xū hé shí zhǔn què děng kǎo chá qīng chu hòu
可疑的地方一定要调查追究，必须核实准确，等考察清楚后
zài cǎi qǔ xíng dòng fǎn fù kòu shí chá jiū hòu cǎi qǔ xiāng yìng de xíng dòng shì fā xiàn yǐn cáng de dí
再采取行动；反复叩实查究后采取相应的行动，是发现隐藏的敌
rén de fāng fǎ
人的方法。

知识锦囊

shì yì jī dǎ cǎo cóng jīng dào le cǎo li cáng zhe de shé yuán běn zhǐ chéng fá bié rén
释 义：击打草丛，惊到了草里藏着的蛇。原本指惩罚别人，
tóng shí jǐng jiè zì jǐ xiàn zhǐ zuò shì qing bù zhōu mì xíng dòng bù jǐn shèn ràng duì fāng yǒu
同时警诫自己；现指做事情不周密，行动不谨慎，让对方有
suǒ jǐng jué yě zhǐ yòng yáng gōng zhù gōng děng fāng fǎ yǐn yòu duì fāng jìn rù mái fú bìng jiāng qí
所警觉；也指用佯攻、助攻等方法引诱对方进入埋伏并将其
jiān miè
歼灭。

jìn yì cí cāo zhī guò jí fēng chuī cǎo dòng jí gōng jìn lì
近义词：操之过急 风吹草动 急功近利

huó xué huó yòng nǐ bú yào xìng jí rú guǒ zǒu lòu le fēng shēng dǎ cǎo jīng shé nà me huì
活学活用：你不要性急，如果走漏了风声，打草惊蛇，那么会
huài dà shì
坏大事。

mèngmíng shì cǎo shuài zāo fú lǔ

孟明视草率遭俘虏

扫码听故事

nián qín mù gōng jué dìng gōng dǎ
627 年，秦穆公决定攻打
zhèng guó tā dǎ suàn gēn ān chā zài zhèng guó
郑国。他打算跟安插在郑国
de nèi yìng lǐ yìng wài hé zài jiā shàng shǒu
的内应**里应外合**，再加上手
xià yǒu mèng míng shì děng wǔ yì gāo qiáng de jiāng
下有孟明视等武艺高强的将
jūn qín mù gōng rèn wéi zì jǐ yǒu bǎ wò yì
军，秦穆公认为自己有把握一
jǔ duó qǔ zhèng guó de dū chéng
举夺取郑国的都城。

秦穆公

秦国第九位国君，曾称霸西戎，是“春秋五霸”之一。

qín mù gōng xiàng jiǎn shū zī xún jiǎn shū zé rèn wéi qín guó hé zhèng
秦穆公向蹇叔咨询，蹇叔则认为，秦国和郑
guó de jù lí hěn yuǎn rú cǐ yáo yuǎn de lù tú qín guó yí dàn xīng shī dòng
国的距离很远，如此遥远的路途，秦国一旦兴师动
zhòng cháng tú bá shè zhèng guó kěn dìng huì tí qián shōu dào xiāo xi zuò hǎo chōng
众，长途跋涉，郑国肯定会提前收到消息，做好充
fèn yíng zhàn de zhǔn bèi zhè cì chū zhēng bì huì shī bài
分迎战的准备，这次出征必会失败。

qín mù gōng méi yǒu tīng qǔ jiǎn shū de jiàn yì yī rán pài chū le mèng míng
秦穆公没有听取蹇叔的建议，依然派出了孟明
shì xī qǐ shù hé bái yǐ bǐng sān wèi jiāng jūn shuài lǐng dà jūn bēn xí zhèng guó
视、西乞术和白乙丙三位将军率领大军奔袭郑国。

春秋时期著名的政治家、军事家，能审时度势，有知人之明。

蹇叔

在大部队出发的时候，蹇叔痛哭流涕地跟众人说：“你们这次袭击郑国一定不会成功的，而且还容易遭到晋国的埋伏，我只能在崤山给将士们收尸了。”

果然，不出蹇叔所料，郑国很快得到了秦国出兵的情报，他们先是控制住了秦国的内应，之后在郑国内外都加固了防御，随时准备迎战。

秦国的军队听说了郑国的准备，决定放弃攻打郑国。可是为了给秦穆公一个交待，秦军趁机灭了滑国，便班师回朝。此时的秦军将士们走了太远的路，已经人困马乏。

当秦国的军队经过崤山时，孟明视自恃秦军强大，认为没人敢

来偷袭，因此未作任何防备。其实，晋国得知秦国攻郑灭滑的消息后，认为秦国在挑战晋国的霸权，想给秦国点教训，命将领率大军在崤山设伏截击归国的秦军。

秦军行进到崤山深处时，发现了晋国的一小支部队，孟明视立即决定追击，一路追到了山隘的险要地带，敌人突然消失了。孟明视看到这个地方草深林密，顿时感觉不妙。突然，战鼓响起，埋伏好的晋国军队从**四面八方**奔来，秦军被一举歼灭，孟

míng shì děng sān wèi jiāng jūn lún wéi fú lǔ qín guó máng mù qīng dí mào rán chū
明视等三位将军沦为俘虏。秦国盲目轻敌，贸然出
bīng dǎo zhì dǎ cǎo jīng shé bù jǐn méi yǒu gōng zhàn zhèng guó fǎn ér bèi jìn
兵，导致打草惊蛇，不仅没有攻占郑国，反而被晋
guó xí jī
国袭击。

生活思辨

zhōu rì zǎo shang chén chen hé nǎi nai sàn bù shí bèi xiǎo qū zhōng shòu mài bǎo jiàn pǐn de tān wèi
周日早上，晨晨和奶奶散步时，被小区中售卖保健品的摊位
suǒ xī yǐn
所吸引。

tīng zhe xiāo shòu yuán duì yì qún yé ye nǎi nai jiǎng jiě zhe yào xiào shén hū qí shén de bǎo jiàn pǐn chén
听着销售员对一群爷爷奶奶讲解着药效神乎其神的保健品，晨
chen xīn zhōng fàn qǐ le dí gu huái yí zhè xiē rén dōu shì piàn zi tā pà nǎi nai bèi piàn yì shí yòu
晨心中泛起了嘀咕，怀疑这些人都是骗子。他怕奶奶被骗，一时又
bù zhī dào gāi zěn me quàn
不知道该怎么劝。

zhè shí hou bǎo jiàn pǐn xiāo shòu yuán zǒu dào nǎi nai shēn biān bù tíng de jiè shào zhe chǎn pǐn de hǎo
这时候，保健品销售员走到奶奶身边，不停地介绍着产品的好
chù rú yán nián yì shòu bǎi bìng quán xiāo děng chén chen zhī dào nǎi nai dài de qián bù duō yú shì líng
处，如延年益寿、百病全消等。晨晨知道奶奶带的钱不多，于是灵
jī yí dòng shuō nǎi nai wǒ men duō mǎi jǐ hé ba ràng bà ba lái sòng qián
机一动说：“奶奶，我们多买几盒吧，让爸爸来送钱。”

nǎi nai xiào zhe shuō duì a tā shì yī shēng dǒng de duō ràng tā lái bāng máng kàn yi kàn
奶奶笑着说：“对啊，他是医生，懂得多，让他来帮忙看一看。”

bǎo jiàn pǐn xiāo shòu yuán tīng hòu lì kè shén sè huāng zhāng de zhǎo le gè jiè kǒu lí kāi le chén
保健品销售员听后，立刻神色慌张地找了个借口离开了。晨
chen qiǎo miào de yòng le yì zhāo dǎ cǎo jīng shé jì méi yǒu ràng nǎi nai nán kān yòu xià zǒu le yì
晨巧妙地用了一招“打草惊蛇”，既没有让奶奶难堪，又吓走了一
tiáo shé yì jǔ liǎng dé
条“蛇”，一举两得。

借尸还魂

yǒu yòng zhě　bù kě jiè　bù néng yòng zhě　qiú jiè　jiè bù néng yòng zhě ér yòng
有用者①，不可借②；不能用者，求借。借不能用者而用
zhī　fěi wǒ qiú tóng méng　tóng méng qiú wǒ
之，匪我求童蒙，童蒙求我③。

注释

yǒu yòng zhě　yǒu yòng chù de shì lì
①有用者：有用处的势力。

jiè　lì yòng
②借：利用。

fěi wǒ qiú tóng méng　tóng méng qiú wǒ　bìng bú shì wǒ qiú zhù yú mèi de
③匪我求童蒙，童蒙求我：并不是我求助愚昧的
rén　ér shì tā men qiú zhù wǒ
人，而是他们求助我。

译文

yǒu yòng chù de shì lì　wǎng wǎng hěn nán lì yòng　méi yòng chù de shì lì　fǎn ér hěn róng
有用处的势力，往往很难利用；没用处的势力，反而很容
yì lì yòng　hé lǐ lì yòng nà xiē kàn qǐ lái méi yòng chù de shì lì　bú shì wǒ qiú zhù yú mèi de
易利用。合理利用那些看起来没用处的势力，不是我求助愚昧的
rén　ér shì tā men qiú zhù wǒ
人，而是他们求助我。

知识锦囊

借尸还魂

shì yì　bǐ yù yǐ jīng xiāo miè huò mò luò de shì wù yòu jiǎ tuō bié de míng yì huò yǐ lìng yī
释　义：比喻已经消灭或没落的事物又假托别的名义或以另一
zhǒng xíng shì chū xiàn
种形式出现。

jìn yì cí　dōng shān zài qǐ　jiè shī huán yáng　sǐ huī fù rán
近义词：东山再起　借尸还阳　死灰复燃

huó xué huó yòng　tā lì yòng bié rén de míng zì jiè shī huán hún　qǐ tú táo bì chéng fá
活学活用：他利用别人的名字借尸还魂，企图逃避惩罚。

xiàngliáng chóng lì chǔ huái wáng
项梁重立楚怀王

扫码听故事

qín tǒng yī tiān xià qián chǔ guó shì qín zhēng bà tiān xià de zhǔ yào duì
秦统一天下前，楚国是秦争霸天下的主要对
shǒu qín miè liù guó zhī shí duì chǔ guó gé wài cán bào chǔ guó rén duì qín
手，秦灭六国之时，对楚国格外残暴，楚国人对秦
yuàn hèn jí shēn qín guó tǒng yī tiān xià hòu yīn wèi tǒng zhì cán bào zhèng zhì
怨恨极深。秦国统一天下后，因为统治残暴，政治
hēi àn bǎi xìng kǔ bù kān yán yú shì bào fā le yǐ chénshèng wú guǎng wéi
黑暗，百姓**苦不堪言**。于是爆发了以陈胜、吴广为

秦朝末年，农民起义的领袖，反抗秦朝暴政的先驱。

陈胜

首的农民起义。起义军之中的大多数是楚国人，由此，陈胜建立了张楚政权。随后，项梁、项羽叔侄也跟着响应。他们杀了会稽郡守殷通，举兵反秦。此时，有一个名叫召平的广陵人来找项氏叔侄，他假传陈胜的命令，说陈胜拜项梁为张楚政权的上柱国，要他领兵渡江参战。于是项梁、项羽率军西渡长江，转战于江淮之间，屡战屡胜，部队迅速壮大。

当项梁、项羽的军队进驻薛城时，传来了陈胜被害身亡的消息。项梁立即召集所有部下，商

量应对之策。军中有些将领和谋士怂恿项梁自立为楚王，项梁一时拿不定主意。正在此时，一位名叫范增的老者在军营外求见，并称自己有巧妙应对时局之策。

项梁接见了范增。范增说：“陈胜的失败是必然的，他不是出身名门大族，骤然据地称王，却不立楚王的后裔为王。您的家族世代都是楚将，又在江东起兵，如果立楚王的后裔为王，定能顺应民

秦末时期的政治家，项羽的谋士，帮助他打赢了巨鹿之战。

心。楚地百姓定会闻风而动，那时天下便一举可定了。”

项梁觉得范增说得有道理，便高兴地采纳了范增的建议，立刻派出人马各处寻访楚国王室后裔，终于找到楚怀王的孙子——一个名叫熊心的牧童。

于是，项梁立刻把熊心接了过来，奉为楚怀王，项梁自称武信侯。自那之后，项梁借助楚怀王的号召力，使其军队迅速扩大到数十万人，成为抗衡秦朝

de zhǔ yào lì liàng fàn zēng yí jì jiè shī huán hún cái dé yǐ ràng xiàng
的主要力量。范增一计“借尸还魂”，才得以让项
liáng bǎi tuō dāng xià kùn jìng wèi hòu lái tuī fān qín cháo de bào nüè tǒng zhì diàn dìng
梁摆脱当下困境，为后来推翻秦朝的暴虐统治奠定
le láo gù de jī chǔ
了牢固的基础。

生活思辨

shǔ jià qī jiān xiǎo yíng de mā ma xiǎng gěi nǚ ér bào míng yí gè péi xùn bān lái tí gāo chéng jì kě
暑假期间，小莹的妈妈想给女儿报名一个培训班来提高成绩，可
shì tā zhī dào xué kē lèi de péi xùn bān shì wéi guī de gèng bù xiǎng ràng nǚ ér yā lì tài dà
是她知道学科类的培训班是违规的，更不想让女儿压力太大。

yú shì xiǎo yíng de mā ma zài jīng tiāo xì xuǎn zhī hòu zhǎo dào le yí gè rén gōng zhì néng péi xùn bān
于是，小莹的妈妈在精挑细选之后，找到了一个人工智能培训班，
tā de xuān chuán guǎng gào shang xiě zhe jì kě yǐ kāi fā hái zi de zhì lì yòu néng tí gāo xué xí chéng jì
它的宣传广告上写着既可以开发孩子的智力，又能提高学习成绩。
xiǎo yíng de mā ma rèn wéi zhè shì yì jǔ liǎng dé de hǎo shì qing biàn xìng gāo cǎi liè de gěi xiǎo yíng bào le míng
小莹的妈妈认为这是一举两得的好事情，便兴高采烈地给小莹报了名。

liǎng tiān hòu xiǎo yíng qù péi xùn bān tīng le yì jié kè tā fā xiàn péi xùn bān zhōng de kè chéng gēn běn
两天后，小莹去培训班听了一节课，她发现培训班中的课程根本
bú shì rén gōng zhì néng de nèi róng ér shì shù xué tí
不是人工智能的内容，而是数学题。

yuán lái zhè jiā péi xùn bān zhī shì pī zhe rén gōng zhì néng de pí shí zé zài bǔ xí shù xué
原来，这家培训班只是披着人工智能的“皮”，实则在补习数学。

xiǎo yíng huí dào jiā hòu gēn mā ma shuō le zhè jiàn shì mā ma shí fēn shēng qì lì kè xiàng xiāng guān
小莹回到家后，跟妈妈说了这件事，妈妈十分生气，立刻向相关
bù mén jǔ bào le péi xùn bān
部门举报了培训班。

hòu lái péi xùn bān guǒ rán bèi chá chū xū jiǎ xuān chuán wú zhèng jīng yíng xiǎo yíng méi yǒu ràng xiǎng yào
后来，培训班果然被查出虚假宣传，无证经营。小莹没有让想要
jiè shī huán hún de péi xùn bān dé chěng pò huài le huài rén de jì huà
“借尸还魂”的培训班得逞，破坏了坏人的计划。

调虎离山

dài tiān yǐ kùn zhī yòng rén yǐ yòu zhī wǎng jiǎn lái fǎn
待天①以困②之，用人以诱之，往蹇来返③。

注释

tiān tiān rán de tiáo jiàn
①天：天然的条件。

kùn duì zào chéng kùn nan
②困：对……造成困难。

wǎng jiǎn lái fǎn rú guǒ zhǔ dòng xíng dòng yǒu wēi xiǎn nà me jiù yǐn yòu dí rén zhǔ dòng guò lái
③往蹇来返：如果主动行动有危险，那么就引诱敌人主动过来。

译文

gēn dí rén zuò zhàn shí yào lì yòng tiān rán de tiáo jiàn qù gěi dí rén zhì zào kùn rǎo rén wéi de zhì zào jiǎ xiàng qù yǐn yòu dí rén rú guǒ zhǔ dòng xíng dòng yǒu wēi xiǎn nà me jiù yǐn yòu dí rén zhǔ dòng guò lái
跟敌人作战时，要利用天然的条件去给敌人制造困扰，人为地制造假象去引诱敌人。如果主动行动有危险，那么就引诱敌人主动过来。

知识锦囊

调虎离山

shì yì xiǎng bàn fǎ ràng lǎo hǔ lí kāi suǒ zhàn lǐng de shān bǐ yù shǐ yòng jì móu ràng dí fāng lí kāi yuán lái de dì fang fāng biàn zhǎo zhǔn jī huì cǎi qǔ xíng dòng
释 义：想办法让老虎离开所占领的山。比喻使用计谋让敌方离开原来的地方，方便找准机会，采取行动。

jìn yì cí wéi wèi jiù zhào shēng dōng jī xī diào hǔ lí kē
近义词：围魏救赵 声东击西 调虎离窠

huó xué huó yòng zhè shì dí rén de diào hǔ lí shān zhī jì qiān wàn bú yào shàng dàng
活学活用：这是敌人的调虎离山之计，千万不要上当。

zhū gě liàng huǒ shāo sī mǎ yì
诸葛亮火烧司马懿

扫码听故事

zhū gě liàng fā bīng gōng dǎ wèi guó zài qí shān zhù zhā kě shì qí
诸葛亮发兵攻打魏国，在祁山驻扎。可是，祁
shān de dào lù qí qū piān pì nán xíng liáng cǎo yùn shū shì gè nán tí
山的道路崎岖，偏僻难行，粮草运输是个难题。

三国时期蜀汉丞相，中国古代杰出的政治家、军事家、发明家、文学家。

诸葛亮

yú shì zhū gě liàng shè jì le mù niú liú mǎ ràng shǔ guó de jūn duì
于是，诸葛亮设计了木牛流马，让蜀国的军队
yùn shū liáng cǎo biàn de fāng biàn hěn duō sī mǎ yì kàn dào shǔ guó de jūn duì yuán
运输粮草变得方便很多。司马懿看到蜀国的军队源
yuán bú duàn de bǔ jǐ liáng cǎo hǎo xiàng yào dǎ chí jiǔ zhàn biàn lì jí
源不断地补给粮草，好像要打“持久战”，便立即
pài chū jūn duì qù lán jié shǔ guó yùn sòng liáng cǎo de duì wu
派出军队去拦截蜀国运送粮草的队伍。

lù shang wèi guó de jūn duì kàn dào yì zhī shǔ guó de jūn duì zhèng zài yùn
路上，魏国的军队看到一支蜀国的军队正在运
sòng liáng cǎo biàn yì yōng ér shàng qiǎng duó le liáng cǎo ér qiě fú lǔ le jǐ
送粮草，便一拥而上，抢夺了粮草，而且俘虏了几
míng shì bīng
名士兵。

诸葛亮发明的运输工具，分为木牛和流马。

木牛流马

jīng guò sī mǎ yì de shěn wèn shǔ guó de shì bīng àn zhào zhū gě liàng zhī
经过司马懿的审问，蜀国的士兵按照诸葛亮之
qián de jiāo dài xiàng sī mǎ yì tòu lù le zhū gě liàng zhù zài shàng fāng gǔ de xiāo
前的交代，向司马懿透露了诸葛亮住在上方谷的消
xi yǐ jí shǔ guó de jūn duì měi tiān dōu zài tún jī liáng cǎo de shì qing
息，以及蜀国的军队每天都在囤积粮草的事情。

sī mǎ yì tīng hòu dà xǐ jué dìng dài lǐng jūn duì qù tōu xí shàng fāng
司马懿听后大喜，决定带领军队去偷袭上方
gǔ gōng qí bú bèi shāo guāng dí jūn liáng cǎo
谷，**攻其不备**，烧光敌军粮草。

三国时期的谋略家，曾两次成功抵御诸葛亮北伐，远征平定辽东。

司马懿

rán ér zhū gě liàng zǎo yǐ děng hòu duō shí shǔ jūn zǎo jiù àn zhào zhū
然而，诸葛亮早已等候多时，蜀军早就按照诸
gě liàng de fēn fù zài shàng fāng gǔ de rù kǒu chù mái fú děng sī mǎ yì de
葛亮的吩咐，在上方谷的入口处埋伏。等司马懿的
jūn duì bèi yòu piàn dào shàng fāng gǔ nèi bù shí zhū gě liàng lì kè xià lìng diǎn rán
军队被诱骗到上方谷内部时，诸葛亮立刻下令点燃
shàng fāng gǔ nèi zhǔn bèi hǎo de rán liào dùn shí zhěng gè shàng fāng gǔ rán qǐ
上方谷内准备好的燃料，顿时，整个上方谷燃起
le xióng xióng dà huǒ sī mǎ yì méi yǒu le tuì lù xìng hǎo tiān qì tū biàn
了**熊熊大火**。司马懿没有了退路。幸好天气突变，
dà yǔ pāng tuó sī mǎ yì cái jiǎo xìng huó le xià lái
大雨滂沱，司马懿才侥幸活了下来。

děng sī mǎ yì huí dào jūn yíng shí tā fā xiàn jūn yíng zǎo yǐ jīng bèi shǔ jūn
等司马懿回到军营时，他发现军营早已经被蜀军
zhàn lǐng zhū gě liàngyòng diào hǔ lí shān zhī jì jì dà cuò le dí jūn shì
占领。诸葛亮用“调虎离山”之计，既大挫了敌军士
qì yòu zhàn lǐng le dí fāng jūn yíng kě wèi shì yì jǔ liǎng dé
气，又占领了敌方军营，可谓是一举两得。

生活思辨

yì tiān xiǎo bīn hé yángyang zài fàng xué de lù shang kàn jiàn jǐ gè xiǎo hùn hunr cháo tā men yuè zǒu
一天，小斌和阳阳在放学的路上，看见几个小混混儿朝他们越走
yuè jìn xiǎo bīn jué de bú miào yú shì tā xùn sù pā zài yángyang ěr biān shuō le jǐ jù huà gào su yáng
越近，小斌觉得不妙，于是他迅速趴在阳阳耳边说了几句话，告诉阳
yang jiē xià lái yīng gāi zěn me zuò jiē zhe tā liǎ bèi xiǎo hùn hunr lā dào yǐn bì de dì fang suǒ yào
阳接下来应该怎么做。接着，他俩被小混混儿拉到隐蔽的地方，索要
bǎo hù fèi xiǎo bīn xiān shi tāo le tāo kōngkōng rú yě de kǒu dai zhī hòu yángyang ná chū jǐn yǒu de
“保护费”。小斌先是掏了掏空空如也的口袋，之后阳阳拿出仅有的
wǔ yuánqián gěi le duì fāng
五元钱，给了对方。

kě shì jǐ gè xiǎo hùn hunr jué de shǎo zhèng xiǎng yào dǎ tā men xiǎo bīn lì kè shuō wǒ
可是，几个小混混儿觉得少，正想要打他们，小斌立刻说：“我
yǒu líng huā qián pà bèi bà ba mā ma fā xiàn cáng zài le xué xiào zhōng de yí chù mì mì jī dì
有零花钱！怕被爸爸妈妈发现，藏在了学校中的一处‘秘密基地’，
wǒ dài nǐ men qù qǔ
我带你们去取。”

jǐ gè xiǎo hùn hunr xiǎng le yí huìr shuō zuì hǎo bié piàn wǒ men fǒu zé yǒu nǐ hǎo kàn
几个小混混儿想了一会儿说：“最好别骗我们，否则有你好看！”

xiǎo bīn hé jǐ gè xiǎo hùn hunr lí kāi hòu yángyang lì kè qù zhǎo le jǐng chá shū shu jǐng chá shū
小斌和几个小混混儿离开后，阳阳立刻去找了警察叔叔。警察叔
shu gēn zhe jiān kòng zhǎo dào le tā men jiāng xiǎo hùn hunr yì xíng rén dài zǒu xiǎo bīn lín wēi bú luàn jī
叔跟着监控找到了他们，将小混混儿一行人带走。小斌临危不乱，机
zhì de diào zǒu le hǔ cái gěi le yángyang bān jiù bīng de jī huì miǎn qù le yì cháng bú bì yào de
智地调走了“虎”，才给了阳阳搬救兵的机会，免去了一场不必要的
má fan
麻烦。

欲擒故纵

逼则反兵，走[1]则减势。紧随勿迫，累其气力，消其斗志，散而后擒，兵不血刃[2]。《需》，有孚，光[3]。

注释

①走：逃跑。

②兵不血刃：兵器上没有沾上血，比喻未经战斗就轻易取得了胜利。

③《需》，有孚，光：出自《周易·需》卦，意思是耐心等待，一定会取得胜利。

译文

当被逼到绝境时，敌人一定会拼命反击。这时，如果故意放走他们，敌人的士气会大大减弱。我们要紧紧跟在他们后面，不能逼迫他们，消耗他们的体力，磨损他们的斗志。等到敌人成了一盘散沙的时候，再把他们一举击溃，不需要战斗就可以获得胜利。只要善于等待，就会取得胜利。

知识锦囊

欲擒故纵

释　义：为了捉拿他，故意先放开他。比喻为了更好地控制对方，故意先放松一步。

近义词：将夺固与　欲取姑予　诱敌深入

活学活用：警方这次释放了一名盗匪，只不过是欲擒故纵，以便诱捕匪首。

shí lè zhà xiáng miè wáng jùn
石勒诈降灭王浚

扫码听故事

jìn cháo mò nián, yōu zhōu dū du wáng jùn qǐ tú móu fǎn cuàn wèi。jìn cháo míng jiàng shí lè tīng shuō zhè ge xiāo xi yǐ hòu, dǎ suàn xiāo miè wáng jùn de bù duì。

晋朝末年，幽州都督王浚企图谋反篡位。晋朝名将石勒听说这个消息以后，打算消灭王浚的部队。

kě shì, wáng jùn de jūn duì shí lì qiáng dà, shí lè hěn nán zhèng miàn jī bài wáng jùn。yú shì, tā jué dìng zhì qǔ, dǎ suàn xiān ràng wáng jùn fàng

可是，王浚的军队实力强大，石勒很难正面击败王浚。于是，他决定智取，打算先让王浚放

松警惕，便派出门客王子春给王浚送了大量的金银财宝和一封愿意归降的信。

石勒在信中讲，现在的社稷是衰落的，整个中原没有人主宰，他认为只有王浚适合当皇帝。王子春也在一边附和，这番说辞让王浚**半信半疑**。

后来，王浚的一名叫游统的部下，一直想让石勒当他的靠山，可是，当游统投靠石勒的时候，石勒

石勒

后赵开国皇帝，建立后赵，重新制定度量衡。

却杀了游统，并将其首级送给王浚。这个行为让王浚彻底对石勒放松了警惕。

314年，石勒得知幽州正在遭受水灾，田地颗粒无收，王浚不顾百姓的死活，依然横征暴敛，导致民怨沸腾，军心涣散。于是，石勒决定攻打幽州，并亲自率兵渡过易水。王浚部将孙纬察觉不对劲，严阵以待，并告知王浚。王浚反而不以为意，

游统

晋朝时期名将王浚的部下，负责镇守范阳。

rèn wéi shí lè shì lái yōng dài tā wéi dì de fǎn ér pài rén chì zé sūn wěi
认为石勒是来拥戴他为帝的，反而派人斥责孙纬，
bìng mìng rén dǎ kāi chéng mén yíng jiē shí lè gēn běn méi yǒu yìng zhàn de dǎ suàn
并命人打开城门迎接石勒，根本没有应战的打算。
yóu cǐ shí lè shuài bīng cháng qū zhí rù shā rù yōu zhōu chéng nèi
由此，石勒率兵**长驱直入**，杀入幽州城内。

晋朝时期名将，长期驻防北方疆土，镇抚北方边族。

王浚

直到王浚被石勒的士兵捉拿时他才恍然大悟，自己中了“欲擒故纵”之计，可为时已晚。

生活思辨

小丽家中开了一间规模很小的超市，由奶奶来经营，可是最近却总丢东西，已经四五次了。奶奶说自己看到了小偷儿是谁，只是苦于没有证据。

气愤的小丽要直接去找小偷儿。妈妈拉住了小丽，温柔地摇了摇头说：“别急，我们要有证据才行。”

于是，小丽的妈妈在隐蔽的地方安装了一个摄像头。

果然，当天晚上，小偷儿来偷东西的全过程被摄像头记录了下来，他也因此被送进了警察局，得到了应有的惩罚。

小丽的妈妈先“纵”着小偷儿去犯错，等小偷儿露出马脚，再找准时机将其一举“擒”住，简直是一次高明的“欲擒故纵”。

抛砖引玉

类①以诱之，击蒙也②。

注释

①类：类似的事物。

②击蒙也：出自《周易·蒙》卦，这里指攻击被迷惑住的敌人。

译文

在跟敌方作战时，我们可以用一些类似的事物去引诱，让敌方被迷惑住，再抓住这个时机去攻击敌人，更容易取得胜利。

知识锦囊

抛砖引玉

释　义：比喻用自己先发表的粗浅、不成熟的观点或文章去引出别人高明的意见或佳作。

近义词：引玉之砖　投砾引珠

活学活用：我的这些话不过是抛砖引玉，希望能引起大家发言的兴趣。

楚国樵夫诱敌计

扫码听故事

春秋时期，楚国派出军队攻打绞国。楚国的军队兵临绞国城下，士气十分高涨。绞国的将军深知自己此时出城迎战，大概率会失败，于是决定坚守城池。

绞国的地势险要，易守难攻。楚国的军队试图进攻了好几次，一无所获。一个多月过去了，两国

jūn duì yī rán zài jiāng chí zhe
军队依然在僵持着。

chǔ guó de dà fū qū xiá rèn wéi jiǎo guó bù kě yìng gōng zhǐ néng zhì
楚国的大夫屈瑕认为，绞国不可硬攻，只能智
qǔ qū xiá duì chǔ wáng shuō jì rán méi bàn fǎ zhí jiē gōng chéng nà me
取。屈瑕对楚王说：“既然没办法直接攻城，那么
wǒ men qù yǐn yòu dí rén chū lái
我们去引诱敌人出来。”

chǔ wáng xún wèn jù tǐ fāng fǎ qū xiá huí dá jiǎo guó yǐ jīng bèi
楚王询问具体方法，屈瑕回答：“绞国已经被
wǒ men bāo wéi le yí gè duō yuè chéng zhōng yí dìng quē shǎo mù chái wǒ men pài
我们包围了一个多月，城中一定缺少木柴。我们派
chū yì xiē shì bīng zhuāng bàn chéng qiáo fū shàng shān kǎn chái tā men yí dìng huì lái
出一些士兵装扮成樵夫上山砍柴，他们一定会来
qiǎng duó mù chái wǒ men xiān ràng tā men dé shǒu jǐ cì děng tā men fàng sōng jǐng
抢夺木柴。我们先让他们得手几次，等他们放松警
tì hòu yí dìng huì pài chū gèng duō de shì bīng lái qiǎng duó mù chái dào shí hou
惕后，一定会派出更多的士兵来抢夺木柴，到时候

樵夫

上山砍柴、劈柴的人。

wǒ men bǎ tā men yǐn rù tí qián shè zhì hǎo de mái fú quān zài bāo wéi qín shā
我们把他们引入提前设置好的埋伏圈，再包围擒杀。
tóng shí lìng wài pài chū shì bīng duì chéng nèi fā qǐ jìn gōng zhè yàng jiǎo guó biàn tuò
同时另外派出士兵对城内发起进攻，这样绞国便唾
shǒu kě dé le
手可得了。”

chǔ wáng dān xīn jiǎo guó shí pò tā men de jì móu qū xiá shuō dào fàng
楚王担心绞国识破他们的计谋，屈瑕说道：“放
xīn jiǎo wáng fēi cháng fú zào fú zào yì wèi zhe méi yǒu zhì huì yú
心，绞王非常浮躁，浮躁意味着没有智慧。”于
shì chǔ wáng tóng yì le zhè ge jì cè mǎ shàng pài chū yì xiē shì bīng wěi zhuāng
是，楚王同意了这个计策，马上派出一些士兵伪装
chéng qiáo fū shàng shān kǎn chái
成樵夫上山砍柴。

屈瑕

春秋时期楚武王的儿子，曾担任楚国的最高官职“莫敖”。

绞国的国君听探子报告有樵夫上山砍柴，急忙询问樵夫的身边有没有楚国的军队，探子摇了摇头。

于是，绞国的国君立即派人抢夺，获得很多木柴。连续好几天，绞国都收获不小。慢慢地，绞国放松了警惕，派出了更多的士兵去抢夺木柴。

第六天，绞国的士兵照例在劫掠“樵夫”，“樵夫”落荒而逃。绞国的士兵紧随其后，不知不觉被引入了埋伏圈。

yí shùn jiān mái fú de shì bīng dōu chōng le chū lái jiǎo guó de shì
一瞬间，埋伏的士兵都冲了出来，绞国的士
bīng sǐ shāng wú shù chǔ wáng dài bīng shùn shì gōng chéng jiǎo guó de guó jūn zhǐ
兵，死伤无数。楚王带兵顺势攻城，绞国的国君只
dé zhǔ dòng tóu xiáng qū xiá pāo zhuān yǐn yù zhī jì jié shù le shuāng fāng
得主动投降。屈瑕“**抛砖引玉**”之计结束了双方
jiāng chí de jú miàn shǐ chǔ guó dà shèng ér guī
僵持的局面，使楚国大胜而归。

生活思辨

jìn rì xiǎo xuě bèi yí dào ào shù tí nán zhù le tā yì zhí xiǎng qǐng jiào mò mo yīn wèi mò mo tóng
近日，小雪被一道奥数题难住了。她一直想请教沫沫，因为沫沫同
xué ná guo quán shì ào shù bǐ sài dì yī míng kě shì mò mo de xìng gé tè bié nèi xiàng dàn shì hěn yǒu ài
学拿过全市奥数比赛第一名。可是，沫沫的性格特别内向，但是很有爱
xīn jīng cháng wèi yǎng xiào yuán zhōng de liú làng māo
心，经常喂养校园中的流浪猫。

yú shì gé tiān xiǎo xuě zhǔ dòng dài lái le yì xiē zhǐ xiāng yāo qǐng mò mo yì qǐ gěi liú làng māo yòng zhǐ
于是，隔天小雪主动带来了一些纸箱，邀请沫沫一起给流浪猫用纸
xiāng zuò le xiǎo wō hòu lái xiǎo xuě lái qǐng jiào mò mo nà dào ào shù tí mò mo shí fēn nài xīn de gěi tā
箱做了小窝。后来，小雪来请教沫沫那道奥数题，沫沫十分耐心地给她
zuò le jiě dá
做了解答。

yī lái èr qù xiǎo xuě hé mò mo chéng le hǎo péng you mò mo zǒng shì jiāng zì jǐ de jiě tí fāng fǎ
一来二去，小雪和沫沫成了好朋友，沫沫总是将自己的解题方法
fēn xiǎng gěi xiǎo xuě xiǎo xuě de shù xué chéng jì tū fēi měng jìn
分享给小雪，小雪的数学成绩突飞猛进。

qí shí xiǎo xuě zhǐ zuò le yí jiàn wēi bù zú dào de xiǎo shì pāo chū yí kuài pǔ pǔ tōng tōng de zhuān
其实，小雪只做了一件微不足道的小事，抛出一块普普通通的“砖”；
kě shì yǐn huí lái de què shì wú jià de yù
可是，引回来的却是无价的“玉”。

擒贼擒王

cuī qí jiān duó qí kuí yǐ jiě qí tǐ lóng zhàn yú yě qí dào qióng yě
摧其坚[1]，夺其魁[2]，以解其体。龙战于野，其道穷也[3]。

注释

jiān zhǔ yào lì liàng
①坚：主要力量。

kuí shǒu lǐng
②魁：首领。

lóng zhàn yú yě qí dào qióng yě zhè lǐ zhǐ nǎ pà shì shuǐ zhōng de lóng lái dào tǔ dì shang zuò zhàn yě huì xiàn rù kùn jìng
③龙战于野，其道穷也：这里指哪怕是水中的龙来到土地上作战，也会陷入困境。

译文

cuī huǐ dí fāng de zhǔ yào lì liàng zhuā zhù dí fāng de shǒu lǐng jiù néng ràng dí fāng de shì lì fēn bēng lí xī nǎ pà shì shuǐ zhōng de lóng lái dào tǔ dì shang zuò zhàn yě huì xiàn rù kùn jìng
摧毁敌方的主要力量，抓住敌方的首领，就能让敌方的势力分崩离析。哪怕是水中的龙来到土地上作战，也会陷入困境。

知识锦囊

擒贼擒王

shì yì zhuō ná zéi kòu shí yào xiān zhuō zhù tā men de shǒu lǐng bǐ yù zuò shì qing shí yào zhuā zhù yào lǐng
释 义：捉拿贼寇时，要先捉住他们的首领。比喻做事情时要抓住要领。

jìn yì cí dǎ shé dǎ qī cùn yì zhēn jiàn xiě huà lóng diǎn jīng
近义词：打蛇打七寸 一针见血 画龙点睛

huó xué huó yòng wǒ men qín zéi qín wáng zhǐ yào bǎ duì fāng de zhǔ lì duì yuán fáng shǒu zhù zhè chǎng lán qiú sài jiù yíng dìng le
活学活用：我们擒贼擒王，只要把对方的主力队员防守住，这场篮球赛就赢定了。

土木堡活擒明英宗

扫码听故事

明朝时期，明英宗年少继位，十分宠信宦官王振。王振生性贪婪，仗着皇帝的信赖结党营私，做了不少坏事。

明朝的第八位皇帝，他废除了“殉葬”制度。

明英宗

1449年，蒙古瓦剌部落首领也先派遣使臣向明朝进贡贡马，同时向明朝邀功领赏，相当

yú míng cháo biàn xiàng gòu mǎi gòng mǎ　yóu yú měi cì wǎ là lái cháo gòng dōu sòng
于明朝变相购买贡马。由于每次瓦剌来朝贡都送
wáng zhèn liáng mǎ lái huì lù tā　yǐ qiú dé gèng duō shǎng cì　zhè cì què sòng
王振良马来贿赂他，以求得更多赏赐。这次却送
lái le liè děng mǎ　wáng zhèn shí fēn shēng qì　zhǐ jǐ yǔ le wǎ là xiǎo bù fen
来了劣等马，王振十分生气，只给予了瓦剌小部分
shǎng qián　yóu cǐ rě nù le yě xiān　yě xiān qīn zì qū bīng nán xià　jìn gōng
赏钱。由此惹怒了也先，也先亲自驱兵南下，进攻
dà tóng
大同。

jūn qíng chuán dào běi jīng　jǔ cháo zhèn jīng　wáng zhèn sǒng yǒng míng yīng zōng
军情传到北京，举朝震惊。王振怂恿明英宗
yù jià qīn zhēng　míng yīng zōng bú gù mǎn cháo dà chén de fǎn duì　xià dá le qīn
御驾亲征。明英宗不顾满朝大臣的反对，下达了亲
zhēng de mìng lìng　dài zhe shù shí wàn dà jūn cāng cù chū bīng　dà jūn wèi dào
征的命令，带着数十万大军仓促出兵。大军未到

第二十八代蒙古大汗，战功赫赫，曾征服女真、降伏朝鲜。

也先

大同，因为连日风雨，道路泥泞，已有士兵因为行军混乱伤亡。

也先得知明军现状后，心生一计。等到明军靠近时，也先避其锋芒，故意撤退，引诱明军北进后，才开始反击，明军先头部队轻易被也先击溃。

王振害怕了，命令大军撤退，原本按出征路线返回即可，但王振想带着皇上和几十万大军绕道回他的老家蔚州显摆，于是就往大同东南蔚州方向撤退。没成想，路途过半，王振想到大军路过蔚州会踩踏自己田庄的庄稼，于是再次改道，绕来绕

去让明军减缓了撤退的速度，被也先骑兵伏击。

明军被伏击后，三万明军骑兵以全军覆灭的代价掩护军队撤退。待明军撤退至土木堡时，王振执意决定留宿土木堡。土木堡地势高，资源匮乏，明军已连续两天水米未进，早已军心涣散。也先命士兵将土木堡团团围住，因惧怕明军人数众多，一直围而不攻。此时，王振鉴于现状，决定突围，虽然明英宗被几名贴身护卫保护，但是依然被也先活捉。

明英宗被活捉后，本就军心涣散的明军瞬间瓦解，不再抵抗，四散奔逃，王振也在逃命时被樊忠一锤打死。聪明的也先选择了“擒贼擒王”，不过多浪费兵力，就轻松地击溃了几十万明军。

生活思辨

恒恒是班级中的篮球队长，他所带领的队员实力相当。这次比赛的对手班级中队员的实力虽然都很弱，但是有一位被称为“神射手”的前锋，投篮几乎百发百中，大家都认为恒恒的队伍没希望赢。

为了赢得这次比赛，恒恒决定采取“擒贼擒王”的计策，分出三个人去专门防守“神射手”，其他人专心投篮得分。

比赛过程中，对手班级中的“神射手”被防守得几乎没机会投篮，其他队员立刻慌了神，基本上没投进球。经过一番“苦战”后，恒恒的队伍获胜了。

假如恒恒不懂得找到问题的关键，解决主要矛盾，那么这场比赛根本不可能扭转局势，大获全胜。

中国古代攻城器械

古代的将士们想要攻下敌军的城池，有时候仅仅依靠人力是远远不够的，还需要一些工具、器械等作为辅助。

折叠桥

古代的城门外常会开凿护城河，攻城时可以将折叠桥置于护城河上，以此过河。

轒辒(fén wēn)车

古代一种进行攻坚作业的战车。车顶用坚固的材料支撑，车中藏着士兵，以此躲避箭矢、落石等攻击。

冲车

一种以冲撞的力量破坏城墙或城门的战车，安有八个车轮、高五层的攻城塔。最下层是推动战车前进的士兵，其他四层装载着攻城的战斗士兵。

床弩

中国古代的一种威力较大的弩。将一张或几张弓安装在床架上，以绞动其后部的轮轴张弓装箭，待机发射。优点是射程远，缺点是精准度不佳。

云梯

一种用于攀越城墙攻城的用具。古代的云梯有些带有轮子，能够推动行驶，因此也被称为“云梯车”。

投石车

一根巨大的杠杆，长端是用木筐装载的石块，短端系上几十根绳索。一旦下达命令，数十人会同时拉动绳索，利用杠杆原理将石块抛出。

攻城锤

由一根巨大的桩固定在四轮车上，以巨大的惯性通过桩头冲击敌军的城墙或城门，以此破坏敌城。

井阑

古代一种登高攻城的器具。优点是范围广，居高临下移动扫射；缺点是移动速度慢，缺少近身作战能力。

读后感

亲爱的小朋友，《三十六计》又被你读完一册啦！

请把你的收获及心中的感悟记录在这里吧！

活学活用三十六计

3

刘硕 编著

航空工业出版社
北京

内容提要

《活学活用三十六计》沿袭原著选篇，精选经典有趣的历史故事，原创趣味爆笑漫画，还原儿童可能遇到的生活场景，教会孩子应对困难的方法，培养孩子思考问题的思路和策略，助力儿童智慧成长。

图书在版编目（CIP）数据

活学活用三十六计．3／刘硕编著．— 北京：航空工业出版社，2024.1

ISBN 978-7-5165-3606-3

Ⅰ．①活… Ⅱ．①刘… Ⅲ．①《三十六计》—通俗读物 Ⅳ．①E892.2-49

中国国家版本馆 CIP 数据核字（2024）第 017619 号

活学活用三十六计 3

Huoxue Huoyong Sanshiliuji · San

航空工业出版社出版发行

（北京市朝阳区京顺路 5 号曙光大厦 C 座四层　100028）

发行部电话：010-85672688　010-85672689

天津创先河普业印刷有限公司印刷　　全国各地新华书店经售

2024 年 1 月第 1 版　　2024 年 1 月第 1 次印刷

开本：787×1092　1/16　　字数：56 千字

印张：4　　定价：120.00 元（全 4 册）

前言

sān shí liù jì shì zhōng guó gǔ dài gè bīng fǎ cè lüè
《三十六计》是中国古代36个兵法策略，
yuán yú nán běi cháo chéng shū yú míng qīng tā shì gēn jù wǒ guó gǔ dài
源于南北朝，成书于明清。它是根据我国古代
zhuó yuè de jūn shì sī xiǎng hé fēng fù de dòu zhēng jīng yàn zǒng jié ér chéng de
卓越的军事思想和丰富的斗争经验总结而成的
bīng shū shì zhōng huá mín zú wén huà zhōng de yì duǒ qí pā
兵书，是中华民族文化中的一朵奇葩。

zài gǔ shí hou sān shí liù jì shì dì wáng jiàng xiàng míng
在古时候，《三十六计》是帝王将相、名
mén jiā zú zǐ dì de bì xiū zhī kè rú jīn sān shí liù jì shì
门家族子弟的必修之课。如今，《三十六计》是
jiào yù bù tuī jiàn de kè wài yuè dú shū mù zhī yī hái bèi hā fó shāng
教育部推荐的课外阅读书目之一，还被哈佛商
xué yuàn měi guó xī diǎn jūn xiào děng míng xiào liè wéi bì dú shū mù
学院、美国西点军校等名校列为必读书目。

běn shū zài biān xiě guò chéng zhōng bù jǐn duì gè jì cè de wén
本书在编写过程中，不仅对36个计策的文
yán wén jìn xíng le zhù jiě fān yì ér qiě tí liàn chū le chéng yǔ de
言文进行了注解、翻译，而且提炼出了成语的

释义、近义词，并配以例句，丰富孩子的写作素材。除此之外，36个计策分别搭配了一个有趣、极富内涵的经典历史故事，并配以风格幽默的精美插图，同时添加了“生活思辨”部分，让古人的智慧计策穿越千年，来到孩子们的日常生活和学习生活当中，让孩子们学会如何在古人的故事中汲取计谋与智慧，明白如何做人、做事，增强学习能力，懂得处理与家长、老师、同学等的关系……

这是一套集知识性、趣味性、实用性于一身的、专属于孩子们的《三十六计》，让他们读故事，学历史，晓兵法，懂生活，成为一个足智多谋的、能够独立思考的人。

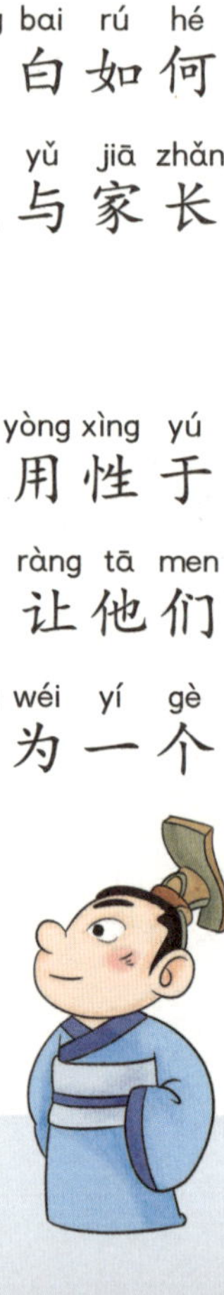

目录

釜底抽薪

bù dí qí lì ér xiāo qí shì duì xià qián shàng zhī xiàng
不敌①其力，而消②其势，兑下乾上③之象。

注释

dí jìn gōng
①敌：进攻。

xiāo jiǎn ruò
②消：减弱。

duì xià qián shàng bì kāi duì fāng fēng máng yòng wēn hé de shǒu duàn qǔ shèng
③兑下乾上：避开对方锋芒，用温和的手段取胜。

译文

liǎng gǔ shì lì jiāo fēng shí bú yào qù jìn gōng dí fāng de zhǔ yào lì liàng ér shì yào jiǎn ruò tā men de qì shì bì kāi duì fāng fēng máng yòng wēn hé de shǒu duàn qǔ shèng
两股势力交锋时，不要去进攻敌方的主要力量，而是要减弱他们的气势，避开对方锋芒，用温和的手段取胜。

知识锦囊

釜底抽薪

shì yì chōu diào guō dǐ de chái huo qiē duàn rè yuán cái néng ràng shuǐ tíng zhǐ fèi téng bǐ yù cóng gēn běn shang jiě jué wèn tí huò cóng àn zhōng cǎi qǔ pò huài de xíng dòng
释义：抽掉锅底的柴火，切断热源，才能让水停止沸腾。比喻从根本上解决问题或从暗中采取破坏的行动。

jìn yì cí chōu xīn zhǐ fèi bá běn sè yuán zhǎn cǎo chú gēn
近义词：抽薪止沸　拔本塞源　斩草除根

huó xué huó yòng zhè ge wèn tí bù néng zài tuō xià qù le ràng wǒ men lái gè fǔ dǐ chōu xīn chè dǐ bǎ tā jiě jué
活学活用：这个问题不能再拖下去了，让我们来个釜底抽薪，彻底把它解决。

周亚夫平定七国之乱

扫码听故事

汉景帝即位后，他为加强中央集权、削弱诸侯王的势力，下诏削夺各诸侯国的封地。于是，吴王刘濞联合其他六个诸侯国，以“清君侧”为名发动叛乱。

联军行至梁国时，遭梁王顽强抵抗，但联军过于强大，梁王向朝廷寻求支援。汉景帝听闻此事，立即派出周亚夫带领大军前去支援。

刘濞

西汉诸侯王之一，“七国之乱”的发起者。

zhōu yà fū shuō　liú bì dài lǐng de jūn duì xiāo yǒng shàn zhàn　xiàn zài
　　周亚夫说："刘濞带领的军队骁勇善战，现在
tā men dǎ le shèng zhàng　shì qì dà zēng　wǒ men rú guǒ yǔ qí zhèng miàn jiāo
他们打了胜仗，士气大增。我们如果与其正面交
fēng　qǔ shèng de gài lǜ jí dī　wǒ jiàn yì fàng qì zhī yuán liáng guó　ràng pàn
锋，取胜的概率极低。我建议放弃支援梁国，让叛
jūn shēn rù　wǒ men lì yòng zhè duàn shí jiān duàn diào dí jūn de liáng cǎo gōng yìng
军深入，我们利用这段时间断掉敌军的粮草供应，
zhè yàng gèng róng yì dǎ bài pàn jūn
这样更容易打败叛军。"
hàn jǐng dì tīng hòu　jué de shí fēn zài lǐ　tóng yì le zhōu yà fū de
　　汉景帝听后，觉得十分在理，同意了周亚夫的
bù shǔ
部署。

周亚夫先前往洛阳武库为大军取兵器，然后去荥阳与大军会合。此时，梁国都城睢阳已岌岌可危，于是梁国又向周亚夫求救，周亚夫不能打破“牺牲梁国，断粮道”的战略部署，于是拒绝了梁国的请求。他亲自带着大部队去占据敌军的重要后方——昌邑，又派轻骑兵切断了敌军重要的水上运粮通道——淮泗口。

汉景帝

西汉时期第六位皇帝，开创文景之治，戡定“七国之乱”。

周亚夫占据昌邑后，立刻设置防守。没多久，周亚夫的“断粮计”发挥作用。敌军粮食供给不足，饿着肚子打仗，连梁国都打不下。刘濞不想与梁国僵持，于是调转枪口，转而向周亚夫发动进攻，企图先夺回昌邑。

刘濞的军队来势汹汹，多次求战。可是，周亚夫避其锋芒，只守不攻。敌军因粮食断绝，士兵十

分饥饿，有许多士兵饿死或逃走。刘濞见状，知大势已去，便领军撤退。周亚夫立刻派出精锐士兵追击，大破叛军。

周亚夫一招“釜底抽薪”，短时间内平息了七国之乱，为汉朝立下汗马功劳。

生活思辨

寒假到了，红红去看望乡下的姥姥，她发现姥姥屋子里很冷。姥姥明明拿了厚厚的棉被盖在她身上，屋子里的火炉也烧得正旺，但是依然抵挡不住阵阵寒意。

细心的红红终于发现，姥姥家的窗户密封条老化，密封性很差，尽管姥姥贴了胶带，依然阻挡不住冷风灌进屋中。红红知道姥姥不喜欢麻烦别人，自己又年迈眼花，根本不会弄这些，于是，她悄悄告诉了妈妈这件事。妈妈直接请了工人来维修。

窗户修好之后，屋子终于变得暖和起来啦！

红红找准了问题的关键，一招“釜底抽薪”轻松地解决了漏风的窗户，既温暖了姥姥的屋子，又温暖了姥姥的心。

浑水摸鱼

chéng qí yīn luàn lì qí ruò ér wú zhǔ suí yǐ xiàng huì rù yàn xī
乘其阴[1]乱，利其弱而无主[2]。《随》，以向晦入宴息[3]。

注释

yīn nèi bù
①阴：内部。

zhǔ xiǎng fǎ zhǔ zhāng
②主：想法，主张。

suí yǐ xiàng huì rù yàn xī chū zì zhōu yì suí guà zhè lǐ
③《随》，以向晦入宴息：出自《周易·随》卦，这里
zhǐ rén yīng gāi shùn yìng zì rán guī lǜ dào le yè lǐ jiù yào jìn rù fáng jiān xiū xi
指人应该顺应自然规律，到了夜里就要进入房间休息。

译文

chèn dí rén de nèi bù hùn luàn lì liàng ruò shí méi yǒu zì jǐ de xiǎng fǎ huò zhǔ zhāng yǐn dǎo
趁敌人的内部混乱力量弱时，没有自己的想法或主张，引导
tā men lái jiā rù wǒ fāng zhèn yíng zhè jiù xiàng rén yīng gāi shùn yìng zì rán guī lǜ dào le yè lǐ jiù
他们来加入我方阵营。这就像人应该顺应自然规律，到了夜里就
yào jìn rù fáng jiān xiū xi yí yàng
要进入房间休息一样。

知识锦囊

浑水摸鱼

shì yì zài hún zhuó de shuǐ zhōng mō yú bǐ yù chèn hùn luàn de shí hou lāo qǔ hǎo chù
释 义：在浑浊的水中摸鱼。比喻趁混乱的时候捞取好处。

jìn yì cí làn yú chōng shù chèn rén zhī wēi chéng xū ér rù
近义词：滥竽充数 趁人之危 乘虚而入

huó xué huó yòng nà xiē bú wù zhèng yè yóu shǒu hào xián xǐ huan hún shuǐ mō yú de rén
活学活用：那些不务正业、游手好闲、喜欢浑水摸鱼的人，
shì bú huì bèi dà jiā xǐ huan de
是不会被大家喜欢的。

zhū gě liàng zhì qǔ nán jùn
诸葛亮智取南郡

扫码听故事

chì bì zhī zhàn cáo cāo cǎn bài wèi fáng zhǐ yǒu rén chèn jī běi jìn
赤壁之战，曹操惨败，为防止有人趁机北进，
tā mìng dà jiàng cáo rén zhù shǒu zài nán jùn
他命大将曹仁驻守在南郡。

zhōu yú yú chì bì zhī zhàn dà pò cáo cāo hòu biàn zhěng dùn bīng mǎ dǎ
周瑜于赤壁之战大破曹操后，便整顿兵马，打
suàn gōng qǔ nán jùn hòu lái tā dé zhī liú bèi tún bīng yóu jiāng kǒu cāi cè
算攻取南郡。后来，他得知刘备屯兵油江口，猜测
liú bèi yě yǒu qǔ nán jùn zhī yì
刘备也有取南郡之意。

zhèng rú zhōu yú suǒ liào liú bèi yě yǒu zhàn lǐng nán jùn zhī yì kě
正如周瑜所料，刘备也有占领南郡之意。可

周瑜

三国时期东吴名将，文武兼备，曾辅佐孙策平定江东，于赤壁击败曹操。

由于刘备势力太弱，知道南郡只可智取。于是，他为了打消周瑜的猜忌，派人到周瑜的军营中祝贺。周瑜想亲自打探刘备的心思，于是第二天以回谢为名亲自到刘备的军营中。刘备、诸葛亮盛情迎接周瑜，并设宴款待，在宴席上，周瑜问刘备：“你想占领南郡？”刘备回答：“不，我是特意来帮你的。”周瑜笑道：“不需要，如果我夺取不了南郡，那么就让给你。”刘备闻此，立刻找了鲁肃和诸葛亮在场作证。

三国时期蜀汉开国皇帝，军事家、政治家，汉献帝的叔叔，因此后人称之为“刘皇叔”。

刘备

děng zhōu yú zǒu hòu zhū gě liàng jiàn yì liú bèi
等周瑜走后，诸葛亮建议刘备
àn bīng bú dòng xiān ràng zhōu yú yǔ cáo rén sī shā
按兵不动，先让周瑜与曹仁厮杀。
zhōu yú zài gōng dǎ nán jùn shí zhòng le cáo rén
周瑜在攻打南郡时，中了曹仁
de jì móu bèi dú jiàn shè zhòng zhǐ néng zài jūn yíng
的计谋，被毒箭射中，只能在军营
zhōng xiū yǎng cáo rén měi tiān dōu pài rén dào zhōu yú de
中休养。曹仁每天都派人到周瑜的
jūn yíng qián tiǎo xìn ràng zhōu yú yíng zhàn zhōu yú qì
军营前挑衅，让周瑜迎战。周瑜气
bu guò dài shì bīng chōng le chū qù zhàn dòu gāng
不过，带士兵冲了出去。战斗刚
kāi shǐ zhōu yú hū rán kǒu tù xiān xuè shuāi xià le
开始，周瑜忽然口吐鲜血，摔下了
mǎ bèi shì bīng tái huí jūn yíng bù jiǔ wú jūn
马，被士兵抬回军营，不久，吴军
biàn chuán zhōu yú yǐ sǐ cáo rén xìn yǐ wéi zhēn jué
便传周瑜已死。曹仁信以为真，决

曹仁

三国时期曹魏名将，一生战功赫赫，善于守城。

dìng qù jié lüè zhōu yú de jūn yíng dào dá hòu cái fā xiàn kōng kōng rú yě zhè
定去劫掠周瑜的军营，到达后，才发现空空如也。这
shí hou cáo rén cái měng de fǎn yìng guò lái zì jǐ zhòng jì le jié guǒ tā bèi
时候，曹仁才猛地反应过来自己中计了。结果，他被
zhōu yú de jūn duì dǎ de luò huāng ér táo
周瑜的军队打得落荒而逃。

zhōu yú dà shèng bú gù shāng tòng lián yè bēn wǎng nán jùn zhǐ jiàn nán jùn
周瑜大胜，不顾伤痛连夜奔往南郡，只见南郡
de chéng qiáng shang chā mǎn le jīng qí
的城墙上插满了旌旗。

yuán lái zhào yún dài zhe zhū gě liàng de mìng lìng chèn zhe zhōu yú hé cáo rén
原来，赵云带着诸葛亮的命令，趁着周瑜和曹仁
jī zhàn de shí hou zhàn lǐng le nán jùn lìng yì biān zhū gě liàng yòng dí rén de
激战的时候，占领了南郡。另一边，诸葛亮用敌人的
bīng fú pài shì bīng mào chōng cáo rén shī yǐ yuán shǒu chéng xū zhàn lǐng le jīng zhōu
兵符，派士兵冒充曹仁施以援手，乘虚占领了荆州、
xiāng yáng
襄阳。

jiù zhè yàng zhū gě liàng yì zhāo hún shuǐ mō yú qiǎo qǔ le nán
就这样，诸葛亮一招“浑水摸鱼”，巧取了南

jùn jīng zhōu xiāngyáng liú bèi biàn yǒu le lì zú zhī dì
郡、荆州、襄阳，刘备便有了立足之地。

生活思辨

dà zhì shì yí gè tè bié jù yǒu zhèng yì gǎn de nán hái yǒu yì tiān tā hé mā ma zài pái duì shàng
大志是一个特别具有正义感的男孩。有一天，他和妈妈在排队上

gōng jiāo chē shí fā xiàn yí gè nián qīng rén shuā le gōng jiāo kǎ hòu jī qì xiǎng qǐ dī de yì shēng
公交车时，发现一个年轻人刷了公交卡后，机器响起“滴”的一声，

jiē zhe chuán lái le nǚ shēng bō bào lǎo nián kǎ de jī xiè yīn yě xǔ shì gōng jiāo chē sī jī yì shí shū
接着传来了女声播报“老年卡”的机械音。也许是公交车司机一时疏

hū jū rán méi yǒu fā xiàn zhè ge nián qīng rén zài zuò bì
忽，居然没有发现这个年轻人在“作弊”。

dà zhì líng jī yí dòng lì kè shuō shū shu nín hǎo nián qīng ya yì diǎnr dōu bú xiàng lǎo rén
大志灵机一动，立刻说：“叔叔，您好年轻呀！一点儿都不像老人。”

zhè jù huà dùn shí xī yǐn le quán chē rén de mù guāng nián qīng rén yě bèi sī jī jiào le huí qù xiū kuì de dào
这句话顿时吸引了全车人的目光。年轻人也被司机叫了回去，羞愧地道

le qiàn bìng tóu le bì
了歉，并投了币。

dà zhì de yì fān huà ràng nián qīng rén xiǎng yào hún shuǐ mō yú de huài xīn si pào le tāng
大志的一番话，让年轻人想要“浑水摸鱼”的坏心思泡了汤。

金蝉脱壳

cún qí xíng wán qí shì yǒu bù yí dí bú dòng xùn ér zhǐ gǔ
存其形①，完②其势；友不疑，敌不动。巽而止，《蛊》③。

注释

xíng zhèn dì yǐ yǒu de zhàn dòu xíng tài
①形：阵地已有的战斗形态。

wán wán quán méi yǒu quē sǔn
②完：完全，没有缺损。

xùn ér zhǐ gǔ chū zì zhōu yì gǔ guà zhè lǐ zhǐ zài dí
③巽而止，《蛊》：出自《周易·蛊》卦，这里指在敌
rén méi yǒu fā jué de shí hou qiāo qiāo cóng àn zhōng zhuǎn yí tuō lí kùn jìng
人没有发觉的时候，悄悄从暗中转移，脱离困境。

译文

dāng dí fāng zài wǒ men duì miàn shí wǒ men yí dìng yào bǎo zhù zhèn dì yǐ yǒu de zhàn dòu xíng
当敌方在我们对面时，我们一定要保住阵地已有的战斗形
tài ér qiě yào ràng zhàn dòu zhuàng tài jìn yí bù wán shàn zhè yàng yì lái yǒu fāng bù huái yí
态，而且要让战斗状态进一步完善；这样一来，友方不怀疑，
dí fāng yě bú huì qīng yì cǎi qǔ xíng dòng zài dí rén méi yǒu fā jué de shí hou qiāo qiāo cóng àn zhōng
敌方也不会轻易采取行动。在敌人没有发觉的时候，悄悄从暗中
zhuǎn yí tuō lí kùn jìng
转移，脱离困境。

知识锦囊

金蝉脱壳

shì yì chán zài tuì biàn de shí hou chéng chóng huì lí kāi pí ké zhǐ liú xià xíng sì de chán
释 义：蝉在蜕变的时候，成虫会离开皮壳，只留下形似的蝉
tuì bǐ yù lì yòng jiǎ xiàng mí huò duì fāng zài duì fāng wú fǎ chá jué de qíng kuàng xià tuō shēn
蜕。比喻利用假象迷惑对方，在对方无法察觉的情况下脱身。

jìn yì cí huǎn bīng zhī jì mán tiān guò hǎi
近义词：缓兵之计 瞒天过海

huó xué huó yòng dāng xiāng zi dǎ kāi shí yuán běn bèi suǒ zài lǐ miàn de mó shù shī zǎo yǐ jīn chán
活学活用：当箱子打开时，原本被锁在里面的魔术师早已金蝉
tuō qiào xiāo shī de wú yǐng wú zōng
脱壳，消失得无影无踪了。

bì zài yù xuányáng jī gǔ

毕再遇悬羊击鼓

扫码听故事

sòng cháo shí qī jīn guó duō cì qīn fàn zhōng
宋朝时期，金国多次侵犯中
yuán dì qū sòng cháo de jiāng jūn bì zài yù gēn jīn
原地区。宋朝的将军毕再遇跟金
guó de jūn duì duì zhàn dǎ le jǐ cì shèngzhàng
国的军队对战，打了几次胜仗。

jīn guó de jūn duì diào lái le hǎo jǐ wàn de jīng
金国的军队调来了好几万的精
bīng zēngyuán jué dìng gēn sòng cháo jué yì sǐ zhàn rán
兵增援，决定跟宋朝决一死战。然
ér cǐ shí de sòng cháo jūn duì zhǐ yǒu jǐ qiān míng
而，此时的宋朝军队只有几千名
shì bīng zài zhàn wú yì yú zì tóu luó wǎng
士兵，再战无异于自投罗网。

毕再遇

南宋时期名将，善于驾驭兵将。

jīn guó de jūn duì yǐ jīng bīng lín chéng xià bāo wéi le bì zài yù rú
金国的军队已经兵临城下，包围了毕再遇，如
guǒ sòng jūn cǐ shí chè tuì yí dìng huì bèi zhuī shā bì zài yù míng sī kǔ xiǎng
果宋军此时撤退，一定会被追杀。毕再遇冥思苦想
zěn yàng cái néng ān quán zhuǎn yí zhè shí hou jūn yíng wài xiǎng qǐ le mǎ tí
怎样才能安全转移。这时候，军营外响起了马蹄
shēng bì zài yù shòu dào qǐ fā xīn shēng yí jì
声，毕再遇受到启发，心生一计。

bì zài yù àn zhōng zuò hǎo chè tuì bù shǔ dàng wǎn tā xià lìng ràng shì
毕再遇暗中做好撤退部署。当晚，他下令让士
bīng men léi xiǎng zhàn gǔ jīn jūn tīng dào hòu rèn wéi sòng cháo de jūn duì xiǎng yào
兵们擂响战鼓。金军听到后，认为宋朝的军队想要
lián yè gōng yíng lì kè jìn rù jǐng jiè zhuàng tài
连夜攻营，立刻进入警戒状态。

děng le hǎo jiǔ jīn jūn zhǐ tīng dào lóng lóng de zhàn gǔ shēng què
等了好久，金军只听到隆隆的战鼓声，却
bú jiàn yí gè sòng cháo de shì bīng chū chéng sòng cháo de shì bīng bù tíng de jī
不见一个宋朝的士兵出城。宋朝的士兵不停地击
gǔ jiǎo de jīn guó de shì bīng wú fǎ xiū xi jīn guó de jiāng jūn duì cǐ chī
鼓，搅得金国的士兵无法休息。金国的将军对此嗤
zhī yǐ bí rèn wéi sòng jūn zhǐ shì xiǎng yòng zhàn gǔ jiǎo de tā men wú fǎ xiū
之以鼻，认为宋军只是想用战鼓搅得他们无法休
xi ér yǐ sòng yíng de gǔ shēng lián xù xiǎng le liǎng tiān liǎng yè jīn jūn bú
息而已。宋营的鼓声连续响了两天两夜，金军不
zài lǐ cǎi
再理睬。

为鼓舞士气或指挥战斗而击的鼓。

战鼓

dì sān tiān jīn jūn fā xiàn sòng yíng de zhàn gǔ shēng biàn xiǎo le jīn
第三天，金军发现宋营的战鼓声变小了，金
guó de jiāng jūn yǐ wéi sòng jūn yǐ jīng jīng pí lì jié jiù pài shì bīng fēn jǐ lù
国的将军以为宋军已经精疲力竭，就派士兵分几路
fēn chāo sòng yíng jiàn sòng yíng háo wú fǎn yìng yú shì yì shēng lìng xià mìng jīn
分抄宋营，见宋营毫无反应，于是一声令下命金
bīng chōng jìn sòng yíng kě shì sòng yíng zhōng kōng wú yì rén
兵冲进宋营，可是宋营中空无一人！

yuán lái bì zài yù ràng jiàng shì men bǎ jǐ shí zhī yáng de hòu tuǐ bǎng zài
原来，毕再遇让将士们把几十只羊的后腿绑在
shù shang bìng qiě zài yáng de qián tuǐ de xià fāng fàng le jǐ shí miàn zhàn gǔ zhè
树上，并且在羊的前腿的下方放了几十面战鼓，这

yàng yì lái dào guà zhe de yáng pīn mìng tī zhàn gǔ jiù huì yì zhí xiǎng
样一来，倒挂着的羊拼命踢，战鼓就会一直响。

bì zài yù shǐ yòng le yì zhāo jīn chán tuō qiào chénggōng mí huò dí
毕再遇使用了一招“金蝉脱壳”，成功迷惑敌

jūn zhēng qǔ le liǎng tiān de shí jiān ān quánzhuǎn yí le jūn duì
军，争取了两天的时间，安全转移了军队。

生活思辨

xiǎomíng zài shāngchǎng hé mā ma zǒu shī le tā jí de kuài yào kū le hū rán yí gè ā yí xiào
小明在商场和妈妈走失了，他急得快要哭了。忽然，一个阿姨笑

zhe shuō xiǎopéng you wǒ dài nǐ qù zhǎo mā ma ya
着说：“小朋友，我带你去找妈妈呀？”

xiǎomíng yóu yú tài zháo jí bàn xìn bàn yí de gēn zhe zhè ge ā yí zǒu le kě tā fā xiàn ā yí yào
小明由于太着急，半信半疑地跟着这个阿姨走了，可他发现阿姨要

dài zì jǐ lí kāi shāngchǎng tā xīn xiǎng mā ma yí dàn fā xiàn zì jǐ diū le yí dìng huì zài shāngchǎng
带自己离开商场。他心想，妈妈一旦发现自己丢了，一定会在商场

li zhǎo de a
里找的啊！

zhè yí kè xiǎomíng yì shí dào ā yí shì piàn zi yú shì tā zài shāngchǎng chū kǒu chù huǎngchēng yào
这一刻，小明意识到阿姨是骗子，于是他在商场出口处谎称要

shàng cè suǒ
上厕所。

dāngxiǎomíng pǎo jìn xǐ shǒu jiān hòu tā gù bu de xǔ duō lì kè lā zhù yí gè shū shu qiú zhù shū
当小明跑进洗手间后，他顾不得许多，立刻拉住一个叔叔求助。叔

shu dài xiǎomíng lí kāi xǐ shǒu jiān qù le shāngchǎng de fú wù zhōng xīn duǒ zài àn chù de ā yí jiàn dào
叔带小明离开洗手间，去了商场的服务中心。躲在暗处的阿姨见到

zhè ge qíngkuàng huī liū liū de táo zǒu le xiǎomíng yě shùn lì de zhǎodào le mā ma
这个情况，灰溜溜地逃走了。小明也顺利地找到了妈妈。

xiǎomíngqiǎomiào de yùnyòng le yì zhāo jīn chán tuō qiào ràng zì jǐ duǒ guò le wēi xiǎn
小明巧妙地运用了一招“金蝉脱壳”，让自己躲过了危险。

三十六计 第二十二计 关门捉贼

小敌①困之。《剥》，不利有攸往②。

注释

①小敌：弱小的敌人。

②《剥》，不利有攸往：出自《周易·剥》卦，这里指不要盲目追赶逃跑的敌人。

译文

当遇到弱小的敌人时，我们要把他们包围、困住。如果敌人逃跑了，不要盲目追赶，以免中了敌人的诱兵之计。

知识锦囊

关门捉贼

释　义：关起门来捉进入屋内的盗贼。比喻对敌人进行围歼。

近义词：关门打狗　瓮中捉鳖　探囊取物

活学活用：战士们利用地形，将敌人引进包围圈，使用“关门捉贼”一计，一举歼灭敌人。

zhào kuò shī cháng píng
赵括失长平

扫码听故事

zhàn guó shí qī, qín guó gōng dǎ zhào guó. qín guó de jūn duì zài cháng píng zāo dào zhào guó de shǒu chéng jiāng jūn lián pō de zǔ lán. lián pō shēn zhī qín jūn de shí lì qiáng dà, bù néng yìng pīn, yú shì cǎi qǔ zhǐ shǒu bù gōng de cè lüè.

战国时期，秦国攻打赵国。秦国的军队在长平遭到赵国的守城将军廉颇的阻拦。廉颇深知秦军的实力强大，不能硬拼，于是采取只守不攻的策略。

liǎng guó jūn duì jiāng chí le sì gè duō yuè, qín guó de jūn duì yī rán gōng bu xià cháng píng. yú shì, qín guó chéng xiàng fàn jū yòng fǎn jiàn jì ràng zhào xiào

两国军队僵持了四个多月，秦国的军队依然攻不下长平。于是，秦国丞相范雎用反间计让赵孝

赵孝成王

战国时期赵国第八代君主，刚愎自用，使赵国进入衰亡阶段。

chéng wáng bǎ lián pō diào zǒu rèn mìng le zhǐ huì zhǐ shàng tán bīng de zhào
成王把廉颇调走，任命了只会“纸上谈兵”的赵
kuò jiē tì lián pō wéi zhǔ jiàng
括接替廉颇为主将。

zhào kuò dào le cháng píng hòu wán quán gǎi biàn le lián pō de zhàn shù zhǔ
赵括到了长平后，完全改变了廉颇的战术，主
dòng gēn qín guó de jūn duì duì zhàn qín guó de jiāng jūn bái qǐ gù yì shū gěi le
动跟秦国的军队对战。秦国的将军白起故意输给了
zhào kuò mìng lìng qín jūn yáng zhuāng zhàn bài kuì tuì zhào kuò jiàn cǐ guǒ rán
赵括，命令秦军佯装战败溃退。赵括见此，果然
kāi shǐ dé yì wàng xíng mìng lìng zhào jūn chéng shèng zhuī jī
开始得意忘形，命令赵军乘胜追击。

zhào kuò dài lǐng zhe sì shí wàn zhào jūn zhuī gǎn luò huāng ér táo de qín
赵括带领着四十万赵军追赶“落荒而逃”的秦

战国时期赵国将领，战功卓著，曾破齐败燕，守卫长平。

guó shì bīng yì zhí zhuī dào le qín bì qín bì de fáng yù jiān gù qín guó
国士兵，一直追到了秦壁。秦壁的防御坚固，秦国
de jūn duì zhǐ shǒu bù gōng zhào kuò méi bàn fǎ zhǐ néng fǎn huí
的军队只守不攻。赵括没办法，只能返回。

zhè shí bái qǐ xiān pài yì zhī liǎng wàn wǔ qiān rén de jūn duì tū xí zhào jūn
这时白起先派一支两万五千人的军队突袭赵军
hòu fāng jié duàn zhào jūn hòu lù yòu pài wǔ qiān rén de qí bīng bù duì chā rù
后方，截断赵军后路。又派五千人的骑兵部队插入
zhào jūn yǔ qí yíng lěi zhī jiān fēn gē le zhào jūn zhǔ lì tóng shí qiē duàn le
赵军与其营垒之间，分割了赵军主力，同时切断了
zhào jūn liáng dào
赵军粮道。

zhè shí hou zhào kuò dé dào xiāo xi hòu yíng yǐ jīng bèi qín guó de
这时候，赵括得到消息：后营已经被秦国的

jūn duì zhàn lǐng liáng dào yě bèi jié
军队占领，粮道也被截
duàn le zhào kuò dé zhī zì jǐ yǐ
断了。赵括得知自己已
jīng zhòng jì yú shì bèi pò xià lìng
经中计，于是被迫下令
tíng zhǐ jìn gōng jiù dì jiàn zào bì
停止进攻，就地建造壁
lěi dǎ suàn zé jī tū wéi
垒，打算择机突围。

cǐ shí qín guó de jūn
此时，秦国的军
duì yǐ jīng bāo wéi le zhào guó de jūn
队已经包围了赵国的军

战国时期赵国将领，熟读兵书，但缺乏战场经验，不懂得灵活应变。

赵括

队，秦兵的围攻好似一扇门，赵括及其军队正被关在“门”中，只等白起“关门捉贼”。后来，赵括被杀，赵国的四十万大军全军覆没。

生活思辨

公交车上，强强发现一个小偷儿悄悄从一个睡着的阿姨口袋里拿走了钱包，可是阿姨并没有发现。

于是，强强挤过人群来到司机叔叔身边，小声说了这件事。司机叔叔心领神会，在下一站该停车时，那个小偷儿急匆匆来到后门准备下车，哪知门却迟迟不开。

公交车司机谎称车门出了一点儿故障，一会儿就会有人来维修，让大家稍安毋躁，小偷儿也不着急下车了。没一会儿，维修人员没来，警察却来了，带走了小偷儿。众人才恍然大悟，纷纷夸强强和司机机智。

强强和公交车司机联手使用的“关门捉贼”之计，获得了被偷钱包的阿姨的感谢和警察叔叔的赞许。

三十六计

第二十三计

远交近攻

xíng jìn shì gé lì cóng jìn qǔ hài yǐ yuǎn gé shàng huǒ xià zé

形禁[1]势格[2]，利从近取，害以远隔。上火下泽[3]。

注释

jìn xiàn zhì

①禁：限制。

gé zǔ lán

②格：阻拦。

shàng huǒ xià zé zhè lǐ zhǐ ràng dí rén chǎn shēng máo dùn wǒ men zài jiāng qí yí gè jiē yí gè de dǎ bài

③上火下泽：这里指让敌人产生矛盾，我们再将其一个接一个地打败。

译文

jiǎ rú dì shì bèi xiàn zhì xíng shì bèi zǔ lán wǒ men yīng gāi xiān cóng jìn chù de dí rén shēn shang qù qǔ dé lì yì rú guǒ wǒ men xuǎn zé le yuǎn chù de dí rén nà me jiù huì dài lái wēi hài yīng gāi ràng dí rén chǎn shēng máo dùn wǒ men zài jiāng qí yí gè jiē yí gè de dǎ bài

假如地势被限制，形势被阻拦，我们应该先从近处的敌人身上去取得利益；如果我们选择了远处的敌人，那么就会带来危害。应该让敌人产生矛盾，我们再将其一个接一个地打败。

知识锦囊

远交近攻

shì yì jié jiāo jù lí yuǎn de guó jiā jìn gōng jù lí jìn de guó jiā zhè shì zhàn guó shí qī qín guó de yì zhǒng wài jiāo cè lüè

释　义：结交距离远的国家，进攻距离近的国家。这是战国时期秦国的一种外交策略。

jìn yì cí zòng héng bǎi hé zhú jìn qì yuǎn yóu qiǎn rù shēn

近义词：纵横捭阖　逐近弃远　由浅入深

huó xué huó yòng qín shǐ huáng cǎi qǔ yuǎn jiāo jìn gōng de cè lüè jiāng dí rén yī cì dǎ dǎo zuì zhōng wán chéng le qiān qiū bà yè

活学活用：秦始皇采取远交近攻的策略，将敌人依次打倒，最终完成了千秋霸业。

fàn jū xiàn jì, qín miè liù guó
范雎献计，秦灭六国

扫码听故事

zhàn guó shí qī, qī xióng zhēng bà。 qín guó de shāng yāng biàn fǎ ràng qín
战国时期，七雄争霸。秦国的商鞅变法让秦
guó de guó lì dà dà zēng qiáng, yí yuè chéng wéi zuì qiáng shèng de zhū hóu guó。
国的国力大大增强，一跃成为最强盛的诸侯国。
yú shì, qín zhāo wáng kāi shǐ xiǎng bàn fǎ tūn bìng liù guó。
于是，秦昭王开始想办法吞并六国。

shǒu xiān, qín zhāo wáng zhǔn bèi chū bīng tǎo fá qí guó, kāi shǐ "tǒng
首先，秦昭王准备出兵讨伐齐国，开始“统
yī liù guó" de dì yī bù。
一六国”的第一步。

商鞅变法

商鞅在秦国实行的变法运动。

秦昭王

战国时期秦国国君，灭亡东周，结束了周朝八百年的统治。

cǐ shí móu lüè jiā fàn jū zài diàn wài
此时，谋略家范雎在殿外
qǐng qiú jiàn qín zhāo wáng yí miàn qín zhāo wáng zǎo
请求见秦昭王一面。秦昭王早
jiù tīng shuō guo fàn jū bó xué duō cái yú shì
就听说过范雎博学多才，于是
lì jí bǎ tā yíng jìn lái xiàng tā qǐng jiào rú
立即把他迎进来，向他请教如
hé yì tǒng tiān xià
何一统天下。

fàn jū shuō qín guó de shí lì qiáng
范雎说：“秦国的实力强
dà xiǎng yào tǒng yī tiān xià bú shì yí jiàn nán
大，想要统一天下不是一件难
shì kě shì wǒ tīng shuō dà wáng nín zhǔn bèi
事。可是，我听说大王您准备
gōng dǎ qí guó
攻打齐国。”

qín zhāo wáng diǎn le diǎn tóu huí dá dào duì zhè yàng zuò yǒu shén
秦昭王点了点头，回答道：“对，这样做有什
me wèn tí ma
么问题吗？”

fàn jū yáo le yáo tóu shuō qí guó jù lí qín guó tè bié yuǎn zhōng
范雎摇了摇头说：“齐国距离秦国特别远，中
jiān gé zhe hán guó hé wèi guó nǎ pà qín guó huò dé le shèng lì nín yòu néng
间隔着韩国和魏国。哪怕秦国获得了胜利，您又能
zuò shén me ne nín wú fǎ kuà guò hán guó hé wèi guó bǎ guó tǔ yán shēn dào
做什么呢？您无法跨过韩国和魏国，把国土延伸到
qí guó ba wǒ rèn wéi xiàn zài bù yīng gāi gōng dǎ qí guó
齐国吧。我认为现在不应该攻打齐国。”

qín zhāowáng zhuī wèn dào　　　qǐng wèn wǒ yīng gāi zěn me zuò
秦昭王追问道：“请问我应该怎么做？”

fàn jū huí dá　　　nín yīng gāi gēn jù lí jiào yuǎn de guó jiā jié méng
范雎回答：“您应该跟距离较远的国家结盟，

jiǎn shǎo dí duì de shì lì　　lí de jìn de guó jiā　　nín yīng gāi zhuā jǐn shí jiān
减少敌对的势力；离得近的国家，您应该抓紧时间

fā qǐ jìn gōng　　yǐ kuò zhǎn qín guó de guó tǔ　　suǒ yǐ　　nín yīng gāi xiān gōng
发起进攻，以扩展秦国的国土。所以，您应该先攻

dǎ jù lí jiào jìn de hán guó hé wèi guó　　zài gōng dǎ jù lí shì zhōng de yān guó
打距离较近的韩国和魏国，再攻打距离适中的燕国

hé zhào guó　　zuì hòu gōng dǎ jù lí jiào yuǎn de chǔ guó hé qí guó
和赵国，最后攻打距离较远的楚国和齐国。”

fàn jū de huà ràng qín zhāo wáng máo sè dùn kāi guǒ rán àn zhào fàn jū
范雎的话让秦昭王茅塞顿开。果然，按照范雎

yuǎn jiāo jìn gōng de jì móu qín guó de shì lì jìn yí bù zēng qiáng
“远交近攻”的计谋，秦国的势力进一步增强。

生活思辨

jīng jing shàng yí cì de kǎo shì chéng jì bù lǐ xiǎng tā jué de píng shí zì jǐ xué xí hěn rèn zhēn zhǐ
晶晶上一次的考试成绩不理想，她觉得平时自己学习很认真，只

shì dào le kǎo shì jiù fā huī bù hǎo wèi cǐ jīng jing tè yì qǐng jiào le lǎo shī
是到了考试就发挥不好，为此晶晶特意请教了老师。

lǎo shī rèn wéi jīng jing kǎo qián de fù xí fāng fǎ yǒu wèn tí bù néng luàn fù xí yí qì yào cǎi yòng
老师认为晶晶考前的复习方法有问题，不能乱复习一气，要采用

yuǎn jiāo jìn gōng de cè lüè
“远交近攻”的策略。

jiǎn dān ér jī chǔ de zhī shi yīng gāi yuǎn jiāo zhǐ xū yào jiǎn dān fù xí hāng shí jī chǔ jí
简单而基础的知识应该“远交”，只需要简单复习，夯实基础即

kě fù zá ér kùn nan de zhī shi yīng gāi jìn gōng huā fèi dà liàng shí jiān qù zhǎng wò zhǐ yǒu zhǎng
可；复杂而困难的知识应该“近攻”，花费大量时间去掌握，只有掌

wò le jiě tí jì qiǎo cái néng zài kǎo shì zhōng dá dào shì bàn gōng bèi de xiào guǒ
握了解题技巧，才能在考试中达到事半功倍的效果。

jīng jing shǐ yòng le lǎo shī jiāo gěi tā de yuǎn jiāo jìn gōng de fù xí cè lüè guǒ rán zài qī mò kǎo
晶晶使用了老师教给她的“远交近攻”的复习策略，果然在期末考

shì zhōng qǔ dé le jiào wéi lǐ xiǎng de chéng jì
试中取得了较为理想的成绩。

三十六计

第二十四计

假道伐虢

liǎng dà zhī jiān dí xié yǐ cóng wǒ jiǎ yǐ shì kùn yǒu yán bú xìn

两大①之间，敌胁②以从，我假③以势。《困》，有言不信④。

注释

dà dà guó

①大：大国。

xié bī pò xié pò

②胁：逼迫，胁迫。

jiǎ jiè

③假：借。

kùn yǒu yán bú xìn chū zì yì jīng kùn guà zhè lǐ zhǐ chǔ yú kùn nan zhōng de xiǎo guó rú guǒ zhǐ zài yán yǔ shang ān wèi bù cǎi qǔ shí jì xíng dòng bāng zhù shì nán yǐ bèi xìn rèn de

④《困》，有言不信：出自《易经·困》卦，这里指处于困难中的小国，如果只在言语上安慰，不采取实际行动帮助是难以被信任的。

译文

dāng dí fāng gēn wǒ fāng zhī jiān cún zài yí gè xiǎo guó shí tā bèi dí fāng xié pò ér bù dé bù qū fú wǒ fāng yào jí shí zhǎn kāi jiù yuán bǎ xiǎo guó shōu rù huī xià chéng wéi zì jǐ de shì lì chǔ yú kùn nan zhōng de xiǎo guó rú guǒ zhǐ zài yán yǔ shang ān wèi bù cǎi qǔ shí jì xíng dòng bāng zhù shì nán yǐ bèi xìn rèn de

当敌方跟我方之间存在一个小国时，它被敌方胁迫而不得不屈服，我方要及时展开救援，把小国收入麾下，成为自己的势力。处于困难中的小国，如果只在言语上安慰，不采取实际行动帮助是难以被信任的。

知识锦囊

假道伐虢

shì yì biǎo miàn shang jiǎ yì gēn duì fāng jiè dào shí jì shang zhǔn bèi cǎi qǔ xíng dòng xiāo miè duì fāng

释　义： 表面上，假意跟对方借道；实际上，准备采取行动消灭对方。

jìn yì cí guò hé chāi qiáo dé yú wàng quán xiè mò shā lǘ

近义词： 过河拆桥　得鱼忘筌　卸磨杀驴

huó xué huó yòng nán zǐ yì yǎn kàn chuān cǐ jì nǎi jiǎ dào fá guó zhī jì jiù gēn zhōu yú xiàng liú bèi jiè dào tǎo fá xī chuān yí yàng

活学活用： 男子一眼看穿此计乃假道伐虢之计，就跟周瑜向刘备借道讨伐西川一样。

刘备巧守荆州

扫码听故事

三国时期，刘备占领着荆州不肯放手。周瑜派鲁肃去商议了几次，都没能让刘备离开。

刘备见鲁肃多次前来，不肯放弃，想劝退鲁肃，便说：“等我攻占了西川再归还荆州。”

鲁肃将话带给周瑜。周瑜想了一条计策，让鲁肃告诉刘备：如果刘备不愿意攻打西川，那么，东吴出兵替刘备来攻打。等到东吴夺取西川后，只要刘备归还荆州，东吴直接将西川奉送给他。

鲁肃听后，立刻拒绝说：“不行，西川距离我

men shù qiān lǐ hěn nán duó qǔ
们数千里，很难夺取。”

zhōu yú xiào zhe shuō nǐ zhēn de yǐ wéi wǒ huì duó qǔ xī chuān hòu
周瑜笑着说：“你真的以为我会夺取西川后，
zài sòng gěi liú bèi ma wǒ zhǐ shì zhǎo gè jiè kǒu shí jì shang hái shi xiǎng ná
再送给刘备吗？我只是找个借口，实际上还是想拿
huí jīng zhōu dài lù guò jīng zhōu shí wǒ huì guǎn liú bèi suǒ yào yì xiē cái wù
回荆州。待路过荆州时，我会管刘备索要一些财物
hé liáng cǎo děng tā chū chéng shí wǒ jiù shā le tā jiè jī duó huí jīng zhōu
和粮草。等他出城时，我就杀了他，借机夺回荆州。”

lǔ sù tīng hòu lüè yǒu suǒ sī dàn hái shi bǎ zhōu yú de huà dài gěi
鲁肃听后，略有所思，但还是把周瑜的话带给
le liú bèi
了刘备。

tīng le lǔ sù de huà hòu liú bèi yì tóu wù shuǐ jí máng xún wèn zhū
听了鲁肃的话后，刘备一头雾水，急忙询问诸
gě liàng zhū gě liàng yáo le yáo tóu gào su liú bèi shuō zhè shì zhōu yú de jiān
葛亮。诸葛亮摇了摇头，告诉刘备说这是周瑜的奸

jì liú bèi huǎng rán dà wù tā hé zhū gě liàng jué dìng gěi zhōu yú lái
计。刘备恍然大悟，他和诸葛亮决定给周瑜来
gè jiāng jì jiù jì
个将计就计。

zhōu yú dào le jīng zhōu hòu fā xiàn chéng wài gēn běn méi yǒu yíng jiē
周瑜到了荆州后，发现城外根本没有迎接
de rén zhōu yú pài yì míng shì bīng qù qiāo mén zhǐ tīng jiàn yì shēng bāng
的人。周瑜派一名士兵去敲门，只听见一声梆
zi xiǎng jīng zhōu chéng shang de jiàng shì men yì qǐ chū xiàn quán dōu shǒu zhí
子响，荆州城上的将士们一起出现，全都手执
bīng qì yán zhèn yǐ dài zhào yún zhàn zài shì bīng zhōng jiān
兵器，严阵以待，赵云站在士兵中间。

赵云

三国时期蜀汉名将，与关羽、张飞并称“燕南三士”，战功赫赫。

zhào yún wèn dào　dà dū du wèi shén me lái zhè lǐ
赵云问道：“大都督为什么来这里？”

zhōu yú zì zuò cōng míng de jiě shì dào　wǒ lái tì liú bèi duó qǔ xī chuān
周瑜自作聪明地解释道：“我来替刘备夺取西川。”

zhào yún xiào zhe shuō　rú guǒ nǐ zhēn dǎ suàn duó qǔ xī chuān　qǐng nǐ zì biàn　chéng gōng hòu　wǒ men yí dìng guī huán jīng zhōu　zhōu yú yì tīng　dé zhī zì jǐ de jì cè bèi shí pò le
赵云笑着说：“如果你真打算夺取西川，请你自便。成功后，我们一定归还荆州。”周瑜一听，得知自己的计策被识破了。

lìng yì biān　guān yǔ　zhāng fēi　huáng zhōng　wèi yán dài zhe jūn duì cóng sì chù shā lái　hǎn shēng zhèn tiān　zhǔn bèi wéi gōng zhōu yú　zhōu yú dùn shí míng bai le zhè yí qiè dōu shì dí rén de jì cè　dùn shí nù qì tián xiōng　yǎn
另一边，关羽、张飞、黄忠、魏延带着军队从四处杀来，喊声震天，准备围攻周瑜。周瑜顿时明白了这一切都是敌人的计策，顿时怒气填胸，眼

三国时期蜀汉名将，跟刘备情同兄弟，忠心不二。

张飞

qián yì hēi cóng mǎ shangshuāi le xià lái zhōu yú de jiǎ dào fá guó zhī
前一黑，从马上摔了下来。周瑜的“假道伐虢”之

jì bèi zhū gě liàng shí pò zhū gě liàng jiāng jì jiù jì dà pò dí jūn
计被诸葛亮识破，诸葛亮将计就计，大破敌军。

三国时期蜀汉名将，作战勇猛，镇守汉中十余年。

魏延

生活思辨

fēngfeng jí jiāngmiàn lín xiǎoshēng chū de shēng xué kǎo shì
峰峰即将面临小升初的升学考试。

lín jìn kǎo shì de shí hou tā de bà ba jiē dào le yì tōngdiàn huà diàn huà zhōng de rén huǎngchēng zì
临近考试的时候，他的爸爸接到了一通电话，电话中的人谎称自

jǐ yǒu xiǎoshēng chū de shì tí dī jià chū shòu
己有小升初的试题，低价出售。

lìng diàn huà nà bian de piàn zi méi liào dào de shì fēngfeng de bà ba shì yì míng mín jǐng tā xiān jiǎ
令电话那边的骗子没料到的是，峰峰的爸爸是一名民警。他先假

yì rèn tóng duì fāng zài suǒ yào lái le duì fāng de wēi xìn yín háng kǎ hào děng xìn xī tóng shí wěn zhù piàn
意认同对方，再索要来了对方的微信、银行卡号等信息，同时稳住骗

zi tōng guò chá zhǎo shùnténg mō guā zhǎo dào le piàn zi de wō diǎn
子，通过查找，顺藤摸瓜找到了骗子的窝点。

fēngfeng de bà ba shǐ yòng le yì zhāo jiǎ dào fá guó zhuā zhù le piàn zi fēngfeng yě gěi bà ba
峰峰的爸爸使用了一招“假道伐虢”抓住了骗子，峰峰也给爸爸

shù qǐ le dà mǔ zhǐ
竖起了“大拇指”。

偷梁换柱

频更其阵，抽其劲旅①，待其自败，而后乘②之。曳其轮也③。

注释

①劲旅：精干的部队。

②乘：趁机。

③曳其轮也：意思是拽住车轮，车子就没办法运转了。

译文

多次更换他们的阵法，暗中抽调他们的精干部队，等到他们的内部开始衰败，再趁机控制住他们。这就是拽住车轮，车子就没办法运转了的道理。

知识锦囊

偷梁换柱

释　义： 凭借偷换的手法，在暗中改变或更换事物，用假的代替真的，用劣质的代替优质的。

近义词： 移花接木　偷天换日　以假乱真

活学活用： 那个商人采用偷梁换柱的做法，以次充好，坑骗顾客。

郑庄公计取戴城

扫码听故事

春秋时期，因为宋国常年不朝贡，周天子命郑国起兵讨伐宋国。郑庄公假意接受周天子的委托，联合齐、鲁两国去攻打宋国。

宋殇公得知后，立刻选了二百辆兵车，带上黄金、玉璧、绸缎等财物，连夜赶往卫国，想让卫国联合蔡国，**同心协力**抗击郑国。

卫宣公收下了礼物，立刻派出军队支援，向郑国的都城荥阳进军。

宋殇公

春秋时期宋国第十五任国君，十分好战，在位十年，发生了十一次大规模战役，使百姓苦不堪言。

郑、齐、鲁三国初战告捷，之后又先后攻克了郜城、防城，士气正盛。正想乘胜追击之时，郑庄公收到了一封告急文书，内容是宋、卫两国的军队直逼郑

郑庄公

春秋时期政治家，郑国君主，攘外安内，重农兴商，受到百姓爱戴。

国的都城。郑庄公听闻此事让军队返回支援。当军队返回到一半的路程时，郑庄公又接到了一封告急文书，内容是宋、卫的军队听闻郑国军队班师回朝，已经从郑国撤离，联合蔡国去攻打戴国了。

zhèng zhuāng gōng lì kè chuán lìng yǐng kǎo shū gōng zǐ lǚ děng sì wèi jiāng
郑庄公立刻传令颍考叔、公子吕等四位将
jūn bīng fēn sì lù yǎn qí xī gǔ xiàng dài guó fā qǐ jìn gōng
军，兵分四路，偃旗息鼓，向戴国发起进攻。

sòng wèi de jūn duì yì qǐ jìn gōng dài guó zài jiā shàng cài guó de
宋、卫的军队一起进攻戴国，再加上蔡国的
bāng zhù běn yǐ wéi néng shùn lì jiāng qí gōng xià nǎ zhī zhèng guó de jiāng jūn
帮助，本以为能顺利将其攻下，哪知郑国的将军
gōng zǐ lǚ dài zhe jūn duì qián lái jiù yuán
公子吕带着军队前来救援。

dài guó de jūn wáng yì tīng zhèng guó de jūn duì shì qián lái zhī yuán de jiù
戴国的君王一听郑国的军队是前来支援的，就
dǎ kāi chéng mén yíng jiē ràng zhèng guó de jūn duì jìn chéng le kě shì dài guó bù
打开城门迎接，让郑国的军队进城了。可是戴国不
zhī dào zhèng zhuāng gōng zhuāng chéng shì bīng hùn zài jūn duì zhōng dài zhèng zhuāng gōng
知道郑庄公装成士兵，混在军队中，待郑庄公
hùn jìn chéng li yì shēng lìng xià zhǐ jiàn dài guó de chéng qiáng shang chā mǎn le
混进城里，一声令下，只见戴国的城墙上插满了
zhèng guó de zhàn qí zhèng jūn jiē guǎn le dài guó de quán chéng fáng wù zhèng zhuāng
郑国的战旗，郑军接管了戴国的全城防务。郑庄

gōng zài chéng lóu shang dà shēng hǎn dào gǎn xiè sān wèi jiāng jūn lián rì xīn kǔ
公在城楼上大声喊道："感谢三位将军连日辛苦！"

yuán lái zhè shì zhèng zhuāng gōng de tōu liáng huàn zhù zhī jì tā ràng
原来这是郑庄公的"偷梁换柱"之计。他让

gōng zǐ lǚ dài lǐng jūn duì jiǎ yì jiù yuán dài guó zhǐ yào jìn le chéng biàn zhí
公子吕带领军队假意救援戴国，只要进了城，便直

jiē duì dài guó fā qǐ jìn gōng qīng sōng zhàn lǐng le dài guó
接对戴国发起进攻，轻松占领了戴国。

生活思辨

yàn yan zài yì jiā xiǎo chāo shì mǎi le yì xiē líng shí hé yǐn liào huí jiā yì wài fā xiàn liǎng píng xuě bì
燕燕在一家小超市买了一些零食和饮料回家，意外发现两瓶雪碧

zhōng yǒu yì píng xiě zhe léi bì de zì yàng chú cǐ zhī wài píng zi de yán sè xíng zhuàng dà xiǎo
中有一瓶写着"雷碧"的字样。除此之外，瓶子的颜色、形状、大小

dōu yí yàng hěn nán fēn biàn
都一样，很难分辨。

xiǎo chāo shì méi yǒu piào jù wèi le fáng zhǐ shāng jiā bù chéng rèn mā ma dài zhe yàn yan yòu qù le yí
小超市没有票据，为了防止商家不承认，妈妈带着燕燕又去了一

cì nà ge xiǎo chāo shì guǒ rán huò jià shang de xuě bì hé léi bì shì hùn zài yí kuàir fàng
次那个小超市。果然，货架上的"雪碧"和"雷碧"是混在一块儿放

zhì de rú guǒ cū xīn de rén bù zǐ xì kàn dà gài lǜ huì zhí jiē mǎi huí jiā
置的。如果粗心的人不仔细看，大概率会直接买回家。

yàn yan fù zé lù xià mā ma gòu mǎi léi bì de quán guò chéng jiē zhe jiāng zhè jiàn shì jǔ bào gěi le
燕燕负责录下妈妈购买"雷碧"的全过程，接着将这件事举报给了

dāng dì de shì chǎng jiān dū guǎn lǐ jú xiǎo chāo shì yóu yú xiāo shòu jiǎ mào wěi liè shí pǐn ér bèi zé lìng zàn shí
当地的市场监督管理局。小超市由于销售假冒伪劣食品而被责令暂时

tíng yè bìng fá kuǎn wèi zì jǐ yīn yíng tóu xiǎo lì ér qī piàn xiāo fèi zhě suǒ shǐ yòng de tōu liáng huàn zhù
停业并罚款，为自己因蝇头小利而欺骗消费者所使用的"偷梁换柱"

zhī jì fù chū le dài jià
之计付出了代价。

指桑骂槐

大凌①小者，警②以诱之。刚中而应，行险而顺③。

注释

①凌：欺负，打压。

②警：警告。

③刚中而应，行险而顺：意思是指挥者要威严正义，才能得到部下的支持；做事情敢于冒险，才能让人信服。

译文

强大的人想要打压弱小的人，可以用警告的方式去诱导他们；管理军队时要拿出威严正义的姿态，才能得到部下的迎合和支持；行事时坚毅果敢，不拖泥带水，才能让人信服。

知识锦囊

释 义：手指向着桑树，实际上骂的是槐树。引申为故意利用某些人的过失，通过对这些人的惩罚，去警诫那些不服从自己指挥的人。

近义词：借古讽今 旁敲侧击 含沙射影

活学活用：那个人一直在指桑骂槐，可是另一个人完全没听出来。

tián ráng jū zhì jūn
田穰苴治军

扫码听故事

chūn qiū shí qī qí jǐng gōng
　　春秋时期，齐景公
mìng tián ráng jū wéi jiāng jūn dài lǐng
命田穰苴为将军，带领
jūn duì qù kàng jī jìn guó hé yān guó
军队去抗击晋国和燕国
de lián hé bù duì yòu pài chū dà
的联合部队，又派出大
chénzhuāng jiǎ qù fǔ zhù tā
臣庄贾去辅助他。
tián ráng jū hé zhuāng jiǎ yuē
　　田穰苴和庄贾约
dìng hǎo dì èr tiān zhèng wǔ zài jūn
定好，第二天正午在军
yíng jí hé
营集合。

齐景公

春秋时期齐国国君，治国安邦，平复了数次动乱。

dì èr tiān tián ráng jū tí qián dào
　　第二天，田穰苴提前到
le jūn yíng zhōng mìng lìng shì bīng zhuāng hǎo guān
了军营中，命令士兵装好观
cè shí jiān de biāo gān hé dī lòu pán děng
测时间的标杆和滴漏盘，等
hòu zhuāng jiǎ shí jiān yí dào tián ráng jū
候庄贾。时间一到，田穰苴
lì kè xuān bù jūn guī zhěng dùn jūn duì
立刻宣布军规，整顿军队。

kě shì zhuāng jiǎ yì zhí yě méi yǒu lái zhí dào huáng hūn shí fēn zhuāng
可是，庄贾一直也没有来。直到黄昏时分，庄
jiǎ cái yì shēn jiǔ qì de lái dào jūn yíng
贾才一身酒气地来到军营。

tián ráng jū shí fēn qì fèn bǎ zhuāng jiǎ chì
田穰苴十分气愤，把庄贾斥
zé le yí dùn nǎ zhī zhuāng jiǎ zhàng zhe zì jǐ
责了一顿。哪知庄贾仗着自己
shì qí jǐng gōng de chǒng chén duì tián ráng jū de huà
是齐景公的宠臣，对田穰苴的话
mǎn bú zài hu tián ráng jū hǎn lái le jūn zhèng
满不在乎。田穰苴喊来了军正，
wèn dào àn zhào jūn fǎ bú àn zhǐ dìng shí
问道：“按照军法，不按指定时
jiān dào jūn yíng de gāi rú hé chǔ zhì
间到军营的，该如何处置？”

军正

古代军队中的执法官，熟练掌握军事刑法。

jūn zhèng dá dào yīng dāng
军正答道：“应当
zhǎnshǒu
斩首！”

zhuāng jiǎ dùn shí bèi xià de
庄贾顿时被吓得
hún bú fù tǐ jí máng pài suí cóng
魂不附体，急忙派随从
xiàng qí jǐng gōng bào xìn qiú zhù
向齐景公报信求助。
kě shì pài chū de rén hái méi huí
可是，派出的人还没回
lái tián ráng jū yǐ jīng bǎ zhuāng jiǎ
来，田穰苴已经把庄贾
zhǎnshǒu le
斩首了。

kàn dào zhuāng jiǎ bèi zhǎn quán jūn yíng de jiàng shì dōu bèi xià de zhàn zhàn jīng jīng
看到庄贾被斩，全军营的将士都被吓得战战兢兢。

田穰苴

春秋时期军事家，其著作《司马法》入选《武经七书》。

zhèng zài zhè shí qí jǐng gōng pài lái de
正在这时，齐景公派来的
shǐ chén jià chē chuǎng rù jūn yíng mìng lìng tián ráng
使臣驾车闯入军营，命令田穰
jū shì fàng zhuāng jiǎ tián ráng jū shuō jiàng
苴释放庄贾。田穰苴说：“将
zài wài jūn mìng yǒu suǒ bú shòu jǐn jiē
在外，君命有所不受。”紧接
zhe tián ráng jū yòu jiào lái le jūn zhèng wèn
着，田穰苴又叫来了军正，问
dào zài jūn yíng zhōng jià zhe mǎ chē luàn
道：“在军营中驾着马车乱
pǎo gāi zěn me chǔ zhì
跑，该怎么处置？”

jūn zhèng dá dào yīng dāng zhǎn shǒu
军正答道：“应当斩首！”

shǐ chén tīng hòu dà jīng shī sè shēn tǐ dǒu rú shāi kāng
使臣听后，大惊失色，身体抖如筛糠。

tián ráng jū xiào zhe shuō nǐ shì dà wáng pài lái de rén wǒ kě yǐ
田穰苴笑着说：“你是大王派来的人，我可以
bù shā yú shì tián ráng jū xià lìng shā le tā de mǎ bìng kǎn duàn le
不杀。”于是，田穰苴下令杀了他的马，并砍断了
mǎ chē zuǒ cè de mù zhù
马车左侧的木柱。

tián ráng jū léi lì fēng xíng zhuā zhù le fù miàn diǎn xíng cóng yán chǔ lǐ
田穰苴雷厉风行，抓住了负面典型从严处理，
ràng quán tǐ jiàng shì yǐn yǐ wéi jiè tā
让全体将士引以为戒。他
de zhǐ sāng mà huái zhī jì shí fēn
的“指桑骂槐”之计十分
chénggōng
成功。

zì zhè zhī hòu tián ráng jū shǒu
自这之后，田穰苴手
xià de shì bīng quán dōu yán gé zūn shǒu jūn
下的士兵全都严格遵守军
zhōng jì lǜ hòu lái tā de jūn
中纪律。后来，他的军
duì yóu yú jūn jì yán míng níng jù lì
队由于军纪严明，凝聚力
qiáng dǎ le bù shǎo shèng zhàng
强，打了不少胜仗。

生活思辨

zhū zhu shì bān zhǎng yǒu yí cì tā zài qīng chén fā xiàn fāng fang zài chāo xiǎo nán de zuò yè zhū zhu
珠珠是班长。有一次，她在清晨发现芳芳在抄小楠的作业。珠珠
xiǎng zǔ zhǐ fāng fang zuò zhè jiàn cuò wù de shì qing dàn yòu bù hǎo yì si zhí jiē shuō hài pà shāng hài duì
想阻止芳芳做这件错误的事情，但又不好意思直接说，害怕伤害对
fāng yú shì tā jué dìng yòng yì zhāo zhǐ sāng mà huái
方。于是，她决定用一招“指桑骂槐”。

zhū zhu zǒu dào hǎo péng you xiǎo méi shēn páng hū rán dà shēng gēn tā shuō xiǎo méi wǒ jiě jie zuó tiān
珠珠走到好朋友小梅身旁，忽然大声跟她说：“小梅，我姐姐昨天
chāo tóng xué de zuò yè bèi lǎo shī fā xiàn le bù jǐn bèi lǎo shī pī píng huí jiā hái ái le mā ma de mà
抄同学的作业被老师发现了，不仅被老师批评，回家还挨了妈妈的骂，
wǒ yě jué de zhè shì fēi cháng bù chéng shí de xíng wéi
我也觉得这是非常不诚实的行为。”

yì páng fāng fang tīng dào zhū zhu de huà hòu xīn lǐ hěn bù shū fu jué de chāo zuò yè què shí shì cuò
一旁，芳芳听到珠珠的话后，心里很不舒服，觉得抄作业确实是错
wù de yú shì tā tíng xià le bǐ xīn zhōng mò mò jué dìng zhí jiē gēn lǎo shī chéng rèn cuò wù shuō zì
误的。于是，她停下了笔，心中默默决定直接跟老师承认错误，说自
jǐ wàng le xiě zuò yè qǐ mǎ yào zuò yí gè chéng shí de rén
己忘了写作业，起码要做一个诚实的人。

zhū zhu piē jiàn le tíng bǐ de fāng fang zuǐ jiǎo wēi wēi shàng yáng tā zhī dào zì jǐ de bān zhǎng dāng
珠珠瞥见了停笔的芳芳，嘴角微微上扬。她知道，自己的班长当
de hěn hé gé
得很合格。

假痴不癫

宁伪①作不知不为，不伪作假知妄②为。静不露机，云雷屯也③。

注释

①伪：伪装，假装。

②妄：随便，肆意。

③云雷屯也：意思是雷电往往是隐藏在云层后面的，一旦爆发出来，发动攻击，会取得意想不到的胜利。

译文

宁可假装自己什么都不知道，什么事情都不做，也不要装作自己什么都知道，任何事情都轻举妄动。雷电往往是隐藏在云层后面的，一旦爆发出来，发动攻击，会取得意想不到的胜利。

知识锦囊

假痴不癫

释义：在他人面前假装痴傻，其实精神状态和言语行动都是正常的，并不是真的疯癫。

近义词：大智若愚　装疯卖傻　假痴假呆

活学活用：刘姥姥看似又聋又傻，其实是假痴不癫，心里是一个明白人。

朱棣装疯谋皇权

扫码听故事

1392年，明皇太子朱标因病去世。明太祖立朱标次子朱允炆为皇太孙。可是，燕王朱棣**野心勃勃**，对朱允炆十分不服气。

明太祖驾崩后，朱允炆继位。殊不知，朱棣一直在暗中训练军队，随时准备谋反。为了让朱允炆

朱允炆

明朝第二位皇帝，在位期间减轻了百姓的赋税，史称“建文新政”。

fàngsōng jǐng tì zhū dì zhuāng zuò zì jǐ dé le fēng bìng měi tiān dōu hú yán luàn
放松警惕，朱棣装作自己得了疯病，每天都胡言乱
yǔ shèn zhì shuì zài dì shang shuí lā dōu bù qǐ lái
语，甚至睡在地上，谁拉都不起来。

zhū yǔn wén pài chū shǐ chén qù tàn wàng zhū dì zhèng zhí liù yuè shǔ qì
朱允炆派出使臣去探望朱棣。正值六月，暑气
zhēng rén yān wáng jìng rán zuò zài huǒ lú de páng biān kǒu zhōng bù tíng de jiào
蒸人，燕王竟然坐在火炉的旁边，口中不停地叫
zhe lěng
着冷。

shǐ chén huí dào gōng zhōng hòu jiāng cǐ qíng kuàng bào gào gěi le zhū yǔn
使臣回到宫中后，将此情况报告给了朱允

明朝第三位皇帝，他编修了《永乐大典》，派郑和下西洋，营建紫禁城。

朱棣

wén zhū yǔn wén xìn yǐ wéi zhēn duì zhū dì fàngsōng le jǐng tì
炆。朱允炆信以为真，对朱棣放松了警惕。

bù jiǔ hòu zhū dì jiù qǐ bīng móu fǎn tā zhī qián shù cì zài zhàn chǎng shang dài bīng dǎ zhàng shǒu xià péi yǎng le bù shǎo jīng bīng qiáng jiàng zhū dì de jūn duì xiàng nán jìn fā yǐ jí kuài de sù dù zhàn lǐng le xǔ duō zhōu xiàn tuò zhǎn le zì jǐ de lǐng dì
不久后，朱棣就起兵谋反。他之前数次在战场上带兵打仗，手下培养了不少精兵强将。朱棣的军队向南进发，以极快的速度占领了许多州、县，拓展了自己的领地。

sān nián hòu zhū dì de jūn duì dù guò le cháng jiāng zhǔn bèi gōng rù yìng
三年后，朱棣的军队渡过了长江，准备攻入应

tiān fǔ bìng mìng rén jié duàn le zhū yǔn wén jūn duì yùn sòng liáng cǎo de tōng dào
天府，并命人截断了朱允炆军队运送粮草的通道。
bù jiǔ zhī hòu zhū yǔn wén de jūn duì bèi dǎ de luò huā liú shuǐ hěn kuài zhū
不久之后，朱允炆的军队被打得落花流水。很快，朱
dì gōng shàng yìng tiān fǔ zhū yǔn wén fā xiàn zì jǐ dí bu guò zhū dì zhǐ néng
棣攻上应天府。朱允炆发现自己敌不过朱棣，只能
qiú hé gē ràng tǔ dì què bèi zhū dì jù jué zhū yǔn wén yì shí dào huò
求和，割让土地，却被朱棣拒绝。朱允炆意识到获
shèng wú wàng yú shì cānghuáng táo zǒu
胜无望，于是仓皇逃走。

应天府

南京在明朝时期的名称，是明朝前期的首都。

zhū dì yǐ yì zhāo jiǎ chī bù diān xiāo chú le zhū yǔn wén de jǐng
朱棣以一招“假痴不癫”消除了朱允炆的警
tì wèi zì jǐ zhēng qǔ dào le xùn liàn jūn duì de bǎo guì shí jiān zhèng yīn rú
惕，为自己争取到了训练军队的宝贵时间。正因如
cǐ tā cái yì jǔ duó dé tiān xià
此，他才一举夺得天下。

生活思辨

lù lu zài wēi xìn shang kàn dào yí gè liàn jiē diǎn jìn qù kě yǐ miǎn fèi lǐng qǔ yí tào jīng pǐn wén jù tā
璐璐在微信上看到一个链接，点进去可以免费领取一套精品文具。她
diǎn jìn qù zhī hòu yào shū rù shōu huò rén de xìng míng dì zhǐ diàn huà hào mǎ hé shēn fèn zhèng hào mǎ děng xiáng
点进去之后，要输入收货人的姓名、地址、电话号码和身份证号码等详
xì xìn xī
细信息。

sī suǒ liáng jiǔ lù lu guān diào le zhè ge yè miàn kě pà de shì méi guò yí huìr lù lu jìng rán
思索良久，璐璐关掉了这个页面。可怕的是，没过一会儿，璐璐竟然
jiē dào yí gè xiāng guān de diàn huà xiàng tā suǒ yào gāng cái de sī mì xìn xī lù lu líng jī yí dòng shuō zì
接到一个相关的电话，向她索要刚才的私密信息。璐璐灵机一动，说自
jǐ tīng bu dǒng duì fāng shuō shén me wú lùn duì fāng zěn me wèn lù lu dōu shuō tīng bu dǒng bù zhī dào
己听不懂对方说什么，无论对方怎么问，璐璐都说听不懂，不知道。

hòu lái diàn huà nà tóur de rén shī qù le nài xīn guà duàn le diàn huà lù lu qiǎo miào de shǐ yòng
后来，电话那头儿的人失去了耐心，挂断了电话。璐璐巧妙地使用
jiǎ chī bù diān zhī jì huà jiě le yí cì wēi xiǎn de zhà piàn xíng wéi
“假痴不癫”之计，化解了一次危险的诈骗行为。

中国古代守城器械

战争是危机四伏的，古代的将士们用什么来保护自己的城池不被敌军侵犯呢？或者说，当危险来临时，除了手中的兵器，将士们还会用什么来保护自己和城中的百姓呢？

障碍类守城器械

铁蒺藜

一种有4根伸出的铁刺的障碍物。在古代战争中，将士们常将铁蒺藜撒在地上，以阻碍敌军的行动。

陷马坑

一种陷阱。在城外的险要处掘土为坑，让敌军及其战马陷入坑中。

拒马

一种木制的、可移动的障碍物，将木柱交叉固定成架子，架子上镶嵌有刃、刺等，以阻止人通过。

击打类守城器械

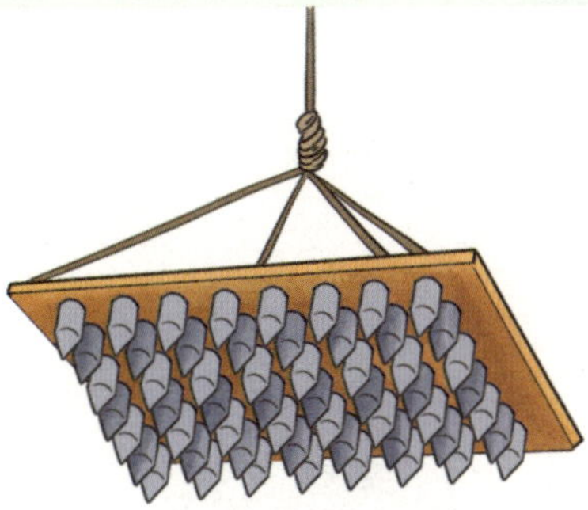

狼牙拍

一种守城兵器。先在一块厚重的板上打上许多钉子，当敌军入侵时，从城墙上抛下重击敌军。

夜叉檑

在一根较粗的木头周身装满铁质倒刺或尖刀，两端配以车轮，用粗大绳索拖住，以绞车沿城墙滚下，借重力击落云梯上的敌军。

城门防守类守城器械

塞门刀车

一种在城门被攻破时用于堵塞城门缺口的守城器械。前刀壁上装有24把钢刀，使用时把车推到城门的缺口处，既能杀伤敌军，又能挡住其兵器。

火攻也是一种较常见的辅助进攻手段，古代战争中使用什么来灭火呢？

灭火类守城器械

水袋

用动物的皮制成一个袋子，在袋内装满水，出水口是一根中间被打通的粗竹竿。

水囊

一种用猪或牛的胞衣特制的囊袋，在里面装满水，投向火中，囊袋破裂后，水自然流出，用以灭火。

麻搭

形状类似现代的拖把，沾泥浆用来灭火。

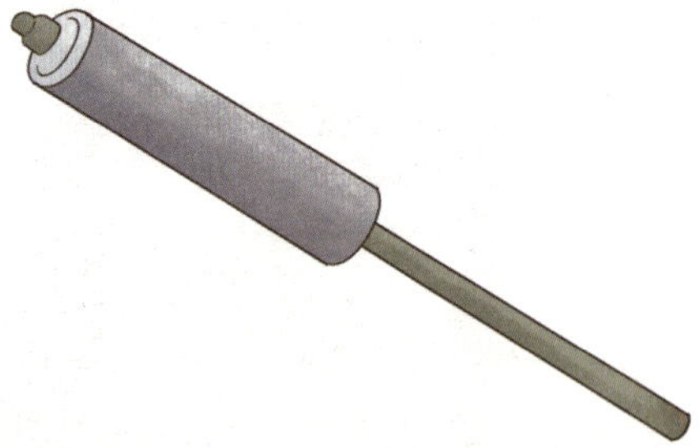

唧筒

一种活塞式压缩装置，像一支“超大号”针筒，能够吸水、喷水。

防守中也常会用火来干扰、破坏敌军的攻击，大部分是直接抛掷。

火攻类守城器械

飞炬

燃烧芦苇等草料，用铁索绑紧丢下城墙，主要用于烧伤云梯上的敌军。

铁火床

用熟铁制作成箱子的形状，下方配备4只木制的轮子，用铁包裹。用铁索捆绑后，从城墙上放下烧伤敌军，同时起到照明的作用。

游火箱

用熟铁制作成篮子的形状，承装混合着艾蒿的燃着的木柴，用铁索放下去烧伤敌军。形体较小，焚烧的艾蒿能产生较大的烟雾，可迷惑敌军视线。

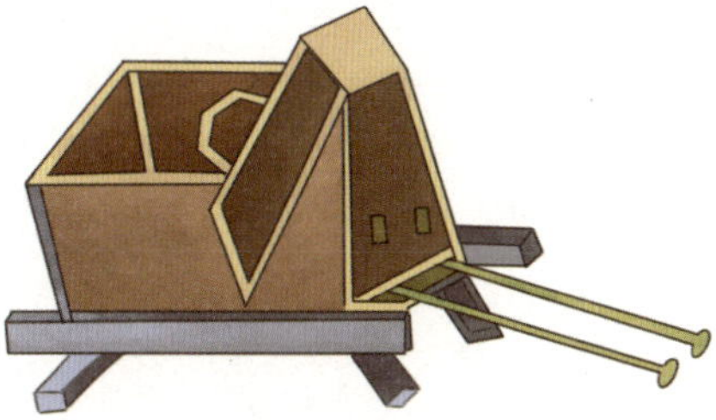

行炉

用行炉中的高温让铁熔化，变成铁水，泼向并灼烧敌军。

读后感

亲爱的小朋友，《三十六计》又被你读完一册啦！

请把你的收获及心中的感悟记录在这里吧！

活学活用
三十六计

4

刘硕 编著

航空工业出版社
北京

内容提要

《活学活用三十六计》沿袭原著选篇，精选经典有趣的历史故事，原创趣味爆笑漫画，还原儿童可能遇到的生活场景，教会孩子应对困难的方法，培养孩子思考问题的思路和策略，助力儿童智慧成长。

图书在版编目（CIP）数据

活学活用三十六计．4 / 刘硕编著．— 北京 ：航空工业出版社，2024.1

ISBN 978-7-5165-3606-3

Ⅰ．①活… Ⅱ．①刘… Ⅲ．①《三十六计》—通俗读物 Ⅳ．①E892.2-49

中国国家版本馆 CIP 数据核字（2024）第 017620 号

活学活用三十六计 4

Huoxue Huoyong Sanshiliuji · Si

航空工业出版社出版发行

（北京市朝阳区京顺路 5 号曙光大厦 C 座四层　100028）

发行部电话：010-85672688　010-85672689

天津创先河普业印刷有限公司印刷　　全国各地新华书店经售

2024 年 1 月第 1 版　　2024 年 1 月第 1 次印刷

开本：787×1092　1/16　　字数：56 千字

印张：4　　定价：120.00 元（全 4 册）

前言

《三十六计》是中国古代36个兵法策略，源于南北朝，成书于明清。它是根据我国古代卓越的军事思想和丰富的斗争经验总结而成的兵书，是中华民族文化中的一朵奇葩。

在古时候，《三十六计》是帝王将相、名门家族子弟的必修之课。如今，《三十六计》是教育部推荐的课外阅读书目之一，还被哈佛商学院、美国西点军校等名校列为必读书目。

本书在编写过程中，不仅对36个计策的文言文进行了注解、翻译，而且提炼出了成语的

释义、近义词，并配以例句，丰富孩子的写作素材。除此之外，36个计策分别搭配了一个有趣、极富内涵的经典历史故事，并配以风格幽默的精美插图，同时添加了“生活思辨”部分，让古人的智慧计策穿越千年，来到孩子们的日常生活和学习生活当中，让孩子们学会如何在古人的故事中汲取计谋与智慧，明白如何做人、做事，增强学习能力，懂得处理与家长、老师、同学等的关系……

这是一套集知识性、趣味性、实用性于一身的、专属于孩子们的《三十六计》，让他们读故事，学历史，晓兵法，懂生活，成为一个足智多谋的、能够独立思考的人。

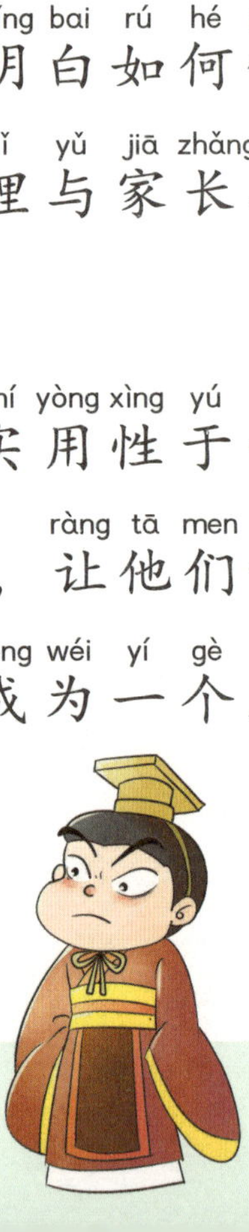

目录

三十六计

第二十八计 上屋抽梯

假①之以便，唆②之使前，断其援应，陷之死地。遇毒，位不当也③。

注释

①假：给予。

②唆：唆使。

③遇毒，位不当也：意思是敌人被我方所给予的小的利益唆使，丢失了得到支援的机会，让自己陷入困境。

译文

两方势力交战时，我方可以假意给敌人一些便利，唆使他们继续进攻，再找准机会，截断敌人的救援，让他们陷入危险之中。当被我方所给予的小的利益唆使，敌人会丢失得到支援的机会，让自己陷入困境。

知识锦囊

上屋抽梯

释　义：送人上楼后却拿走了梯子。比喻引诱别人前进，再断绝他的“后路”。

近义词：鸟尽弓藏　过河拆桥　卸磨杀驴

活学活用：事已至此，我们干脆也别客气了，给他来个上屋抽梯。

liú qí zhì qǔ zhū gě jì

刘琦智取诸葛计

扫码听故事

dōng hàn mò nián liú biǎo piān xīn shào zǐ liú cóng bù xǐ huan zhǎng zǐ liú qí

东汉末年，刘表偏心少子刘琮，不喜欢长子刘琦。

liú cóng de mǔ qīn hài pà liú qí dòng yáo zì jǐ ér zi de dì wèi yīn cǐ tè bié tǎo yàn liú qí xiǎng shè jì xiàn hài tā

刘琮的母亲害怕刘琦动摇自己儿子的地位，因此特别讨厌刘琦，想设计陷害他。

liú qí bīng xuě cōngmíng míng bai zì shēn chǔ jìng wēi xiǎn duō cì xiàng zhū gě liàng qiú zhù kě shì zhū gě liàng yì zhí bú yuàn yì gào su tā fāng fǎ

刘琦冰雪聪明，明白自身处境危险，多次向诸葛亮求助。可是，诸葛亮一直不愿意告诉他方法。

yǒu yì tiān liú qí qù
有一天，刘琦去
zhǎo zhū gě liàng yǐn jiǔ dāng
找诸葛亮饮酒。当
tā men zhèng zuò zài gāo lóu shang
他们正坐在高楼上
hē de jiǔ hān ěr rè shí liú
喝得酒酣耳热时，刘
qí àn zhōng ràng rén bǎ lóu tī
琦暗中让人把楼梯
chāi le
拆了。

liú qí duì zhū gě liàng
刘琦对诸葛亮
shuō xiàn zài zhè lǐ zhǐ
说：“现在这里只
yǒu nǐ wǒ èr rén kě yǐ
有你我二人，可以
gěi wǒ xiǎng bàn fǎ le ba
给我想办法了吧？”

zhū gě liàng jiàn zhuàng
诸葛亮见状，
xiào zhe yáo le yáo tóu wú
笑着摇了摇头，无
nài de gěi liú qí jiǎng le yí
奈地给刘琦讲了一
gè gù shi chūn qiū shí qī jìn xiàn gōng de fēi zi lí jī xiǎng móu hài tā de
个故事：春秋时期，晋献公的妃子骊姬想谋害他的
ér zi chóng ěr hé shēn shēng chóng ěr zhī dào le lí jī de xiǎng fǎ zhí jiē lí
儿子重耳和申生。重耳知道了骊姬的想法，直接离
kāi jìn guó ér shēn shēng xiǎng yào jìn xiào xīn bù xiǎng lí kāi fù qīn
开晋国，而申生想要尽孝心，不想离开父亲。

yǒu yì tiān shēn shēng ràng shì cóng gěi jìn xiàn gōng sòng qù yì xiē shí wù
有一天，申生让侍从给晋献公送去一些食物。
lí jī jiē dào shí wù hòu qiāo qiāo bǎ tā men huàn chéng le yǒu dú de shí wù
骊姬接到食物后，悄悄把它们换成了有毒的食物。
dāng jìn xiàn gōng zhèng zhǔn bèi chī de shí hou lí jī shuō zhè shí wù de lái
当晋献公正准备吃的时候，骊姬说：“这食物的来
yuán bù míng xiān gěi shì cóng cháng yí xià ba yú shì jìn xiàn gōng de shì
源不明，先给侍从尝一下吧！”于是，晋献公的侍
cóng cháng le shí wù jǐ miǎo hòu biàn dǎo dì ér sǐ
从尝了食物，几秒后便倒地而死。

春秋时期晋献公的妃子，阴险毒辣，谋害了晋献公的儿子申生。

jìn xiàn gōng dà nù jué dìng shā sǐ shēn shēng shēn shēng dé zhī hòu méi
晋献公大怒，决定杀死申生。申生得知后，没
yǒu wèi zì jǐ biàn jiě zhí jiē zì wěn shēn wáng
有为自己辩解，直接自刎身亡。

gù shi jiǎng wán le zhū gě liàng duì liú qí shuō shēn shēng zài guó nèi
故事讲完了，诸葛亮对刘琦说：“申生在国内
shì wēi xiǎn de chóng ěr zài wài miàn shì ān quán de liú qí tīng hòu lì
是危险的，重耳在外面是安全的。” 刘琦听后，立
jí xīn lǐng shén huì lí kāi le liú biǎo shùn lì bì kāi le xiàn hài
即心领神会，离开了刘表，顺利避开了陷害。

liú qí yǐn yòu zhū gě liàng shàng wū shì wèi le qiú tā zhǐ diǎn chōu
刘琦引诱诸葛亮“上屋”是为了求他指点，“抽
tī shì duàn qí hòu lù bìng dǎ xiāo zhū gě liàng de gù lǜ liú qí de shàng
梯”是断其后路并打消诸葛亮的顾虑。刘琦的“上
wū chōu tī zhī jì ràng tā dé dào le zhū gě liàng de diǎn bō shǐ tā chéng gōng
屋抽梯”之计让他得到了诸葛亮的点拨，使他成功
duǒ guò le shā shēn zhī huò
躲过了杀身之祸。

生活思辨

美美是一个很有爱心的小女孩，经常喂养小区中的一只流浪猫。其实，美美一直都想收养这只小猫，可是小猫的胆子很小。美美稍微靠近一些，它就吓得跑远了。

于是，美美的妈妈教给了她“上屋抽梯”之计，能把小猫带回家。

美美的妈妈先让美美准备好小猫爱吃的零食，又带了一个较大的猫笼下楼，用绳子拴住门的一端，让美美将零食放在猫笼中，引诱小猫“上屋”，再拉绳子，关紧猫笼“抽梯”。没一会儿，小猫果然进了笼子。美美迅速拉起绳子“抽梯”，猫笼关上时，也断了小猫的退路。

美美的妈妈用了一招“上屋抽梯”，既让美美多了一位小伙伴，也让小猫拥有了一个温暖的家。

树上开花

jiè jú bù shì lì xiǎo shì dà hóng jiàn yú lù qí yǔ kě yòng wéi yí yě
借局①布势，力小势②大。鸿渐于陆，其羽可用为仪也③。

注释

jú jú miàn
①局：局面。

shì zhèn shì
②势：阵势。

hóng jiàn yú lù qí yǔ kě yòng wéi yí yě chū zì zhōu yì jiàn guà
③鸿渐于陆，其羽可用为仪也：出自《周易·渐》卦，
yì si shì jūn duì kě yǐ qù yíng zào shēng shì ràng zì jǐ zài bié rén yǎn zhōng kàn qǐ lái
意思是军队可以去营造声势，让自己在别人眼中看起来
shí fēn qiáng dà hǎo xiàng shì yǔ yì fēng mǎn de hóng yàn yí yàng
十分强大，好像是羽翼丰满的鸿雁一样。

译文

jiè zhe dāng xià de jú shì qù pái liè zhèn shì nǎ pà shí lì ruò xiǎo yě kě yǐ jiǎ zhuāng
借着当下的局势去排列阵势，哪怕实力弱小，也可以假装
chéng shí fēn qiáng dà jūn duì de shēng shì zhuàng dà le jiù hǎo xiàng fēi xiáng de hóng yàn yǔ yì fēng
成十分强大。军队的声势壮大了，就好像飞翔的鸿雁，羽翼丰
mǎn huì gěi rén qiáng dà de gǎn jué
满会给人强大的感觉。

知识锦囊

shì yì shù shang běn lái méi yǒu kāi huā dàn kě yǐ yòng cǎi sè de chóu zi jiǎn chéng huā
释　义：树上本来没有开花，但可以用彩色的绸子剪成花
duǒ zhān zài shù shang zuò de hé zhēn huā yí yàng bù zǐ xì qù kàn zhēn jiǎ nán biàn
朵粘在树上，做得和真花一样，不仔细去看，真假难辨。
bǐ yù jiāng běn qiú lì bié yǒu shōu huò
比喻将本求利，别有收获。

jìn yì cí xū zhāng shēng shì jiǎo róu zào zuò zhuāng qiāng zuò shì
近义词：虚张声势　矫揉造作　装腔作势

huó xué huó yòng tā shì yí gè mǎn dù zi huài shuǐ de shāng rén zǒng shì xiǎng yòng shù shang kāi
活学活用：他是一个满肚子坏水的商人，总是想用树上开
huā de fǎ zi qù hù nong gù kè
花的法子去糊弄顾客。

tán dào jì chàngchóuliáng shā

檀道济唱筹量沙

扫码听故事

sòng wǔ dì zài jiàn lì le nán cháo sòng wáng cháo bù jiǔ hòu biàn jià bēng le

宋武帝在建立了南朝宋王朝不久后便驾崩了，

nián tā de ér zi sòng wén dì dēngshàng le dì wèi

424年，他的儿子宋文帝登上了帝位。

zài zhè ge shí qī běi wèi chèn zhe nán cháo sòng de zhèng jú bù wěn biàn

在这个时期，北魏趁着南朝宋的政局不稳，便

chèn jī fā bīng jìn gōng xiǎng dù guò huáng hé jìn gōng nán cháo sòng duó qǔ huáng hé

趁机发兵进攻，想渡过黄河进攻南朝宋，夺取黄河

nán bù de lǐng dì

南部的领地。

sòng wén dì dé zhī cǐ shì hòu pài chū tán dào jì dài lǐng jūn duì qù dǐ

宋文帝得知此事后，派出檀道济带领军队去抵

kàng dí jūn

抗敌军。

宋文帝

南朝宋第三位皇帝，开创了魏晋以来最好的社会局面，史称“元嘉之治”。

qǐ chū běi wèi de jūn duì xiàng jǐ nán fā qǐ jìn gōng tán dào jì qīn zì
起初，北魏的军队向济南发起进攻。檀道济亲自
dài zhe jiàng shì men dǐ kàng le èr shí duō tiān hé běi wèi de jūn duì dǎ le sān shí
带着将士们抵抗了二十多天，和北魏的军队打了三十
duō chǎng zhàng nán cháo sòng de jūn duì lǚ zhàn lǚ shèng
多场仗，南朝宋的军队屡战屡胜。

jiàn jiàn de tán dào jì fàng sōng le jiè bèi běi wèi de jūn duì zhuā zhù
渐渐地，檀道济放松了戒备。北魏的军队抓住
jī huì shāo huǐ le sòng jūn de liáng cǎo wú nài zhī xià tán dào jì de jūn duì
机会，烧毁了宋军的粮草。无奈之下，檀道济的军队
zhǐ néng chè tuì shèn zhì hái yǒu shì bīng tóu xiáng le běi wèi bǎ sòng jūn quē liáng
只能撤退，甚至还有士兵投降了北魏，把宋军缺粮
de qíng kuàng gào su le běi wèi de jiāng jūn
的情况告诉了北魏的将军。

檀道济

南朝宋开国功臣、军事家，帮助南朝宋攻灭后秦，抵抗北魏。

běi wèi pài chū dà liàng de shì bīng qù zhuī gǎn
北魏派出大量的士兵去追赶

tán dào jì tán dào jì jí zhōngshēng zhì ràng jiàng
檀道济。檀道济急中生智，让将

shì men jiù dì ān yíng zhā zhài dàngwǎn sòng jūn zài
士们就地安营扎寨。当晚，宋军在

jūn yíng zhōng qīng diǎn liáng shi tán dào jì xiǎng gěi běi
军营中清点粮食。檀道济想给北

wèi de jūn duì yíng zào jūn liángchōng zú de jiǎ xiàng
魏的军队营造军粮充足的假象。

qí shí sòng jūn zǎo yǐ méi le liáng cǎo
其实，宋军早已没了粮草，

tán dào jì ràng rén yòng shā zi dài tì liáng shi hái
檀道济让人用沙子代替粮食，还

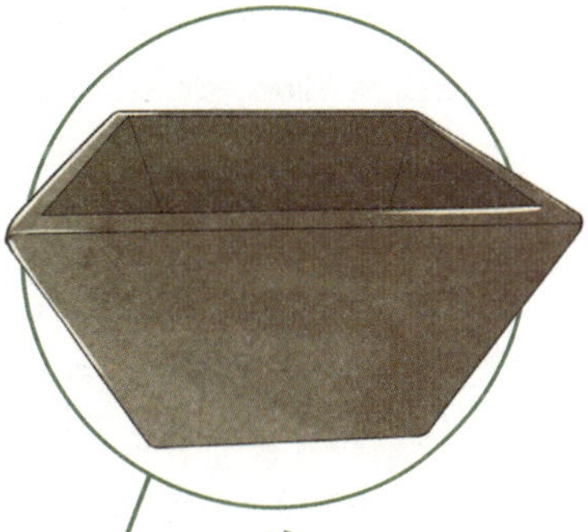
斗

古代计量粮食的工具，一斗是十升。

ràng shì bīng zhuāng mú zuò yàng de yòng dǒu lái chēng liáng shā zi ér qiě yào gāo shēng
让士兵装模作样地用斗来称量沙子，而且要高声
bào chū liáng shi de shù liàng
报出“粮食”的数量。

běi wèi de jūn duì guǒ rán xìn yǐ wéi zhēn bù gǎn qīng jǔ wàng dòng tán
北魏的军队果然信以为真，不敢轻举妄动。檀
dào jì zhuā zhù zhè duàn shí jiān lì jí zhǐ huī jiàng shì men yǒu zhì xù de chè
道济抓住这段时间，立即指挥将士们有秩序地撤
tuì tā ràng jiàng shì men pī kuī dài jiǎ zì jǐ chuān zhe biàn fú zuò zài mǎ
退。他让将士们披盔戴甲，自己穿着便服，坐在马
chē shang dà yáo dà bǎi de qián jìn
车上，大摇大摆地前进。

就这样，檀道济利用了敌人的疑心，以一招“树上开花”，不慌不忙地让南朝宋的军队从敌人眼皮底下撤离，摆脱了当下的困境。

生活思辨

甜甜非常爱吃甜品，经常缠着妈妈给她做甜品。可是甜品吃多了对牙齿不好，所以很多时候妈妈都严格禁止小朋友吃甜食。

不过甜甜的妈妈非常聪明。她给甜甜做的奶酪南瓜饼，奶香四溢，南瓜香甜软糯，并且含有丰富的维生素A，这款小甜品既有营养，又好吃。甜甜妈妈在做这款甜品的时候用南瓜天然的甜，代替了会伤害牙齿的糖。

这样一来，甜甜就可以放心吃啦！甜甜的妈妈懂得使用“树上开花”之计，制造逼真的假象，既没有伤害甜甜的身体，又解决了甜甜肚子中的“小馋虫”。

反客为主

chéng xì chā zú è qí zhǔ jī jiàn zhī jìn yě
乘隙[1]插足，扼其主机[2]，渐之进也[3]。

注释

xì kòng xì jiàn xì
①隙：空隙，间隙。

zhǔ jī guān jiàn de dì fang
②主机：关键的地方。

jiàn zhī jìn yě chū zì zhōu yì jiàn guà yì si shì zhú bù tuī jìn
③渐之进也：出自《周易·渐》卦，意思是逐步推进，
lì yòng xún xù jiàn jìn de fāng fǎ
利用循序渐进的方法。

译文

zhǎo zhǔn dí rén de jiàn xì chā jìn tā men de duì wu zhōng zhǎng wò dí rén guān jiàn de dì
找准敌人的间隙，插进他们的队伍中，掌握敌人关键的地
fang xún xù jiàn jìn de cǎi qǔ xíng dòng
方，循序渐进地采取行动。

知识锦囊

反客为主

shì yì cóng kè rén biàn chéng zhǔ rén bǐ yù chōng fèn lì yòng jī huì zhǎng kòng quán jú
释 义：从客人变成主人，比喻充分利用机会，掌控全局。

jìn yì cí tài ē dào chí xuān bīn duó zhǔ jiū zhàn què cháo
近义词：太阿倒持 喧宾夺主 鸠占鹊巢

huó xué huó yòng tā de zhè yí jù huà dào yǒu xiē fǎn kè wéi zhǔ de wèi dào le
活学活用：他的这一句话，倒有些反客为主的味道了。

guō zǐ yí quàn tuì huí hé bīng

郭子仪劝退回纥兵

扫码听故事

táng cháo shí qī pú gù huái ēn bèi pàn le
唐朝时期，仆固怀恩背叛了
táng cháo shān dòng le tǔ bō hé huí hé lián hé gōng
唐朝，煽动了吐蕃和回纥联合攻
dǎ zhōng yuán tǔ bō hé huí hé jí jié sān shí wàn
打中原。吐蕃和回纥集结三十万
rén de dà bù duì yí lù lián xù shèng lì zhí
人的大部队，一路连续胜利，直
jiē gōng dào le jīng yáng
接攻到了泾阳。

jīng yáng de shǒu chéng jiāng jūn shì guō zǐ yí
泾阳的守城将军是郭子仪。
tā de bù duì zhǐ yǒu yí wàn duō míng shì bīng kàn
他的部队只有一万多名士兵。看

仆固怀恩

唐朝时期名将，曾参与平定安史之乱。后因被人诬陷，又叛变唐朝。

zhe màn shān biàn yě de dí jūn guō zǐ yí dùn jué
着漫山遍野的敌军，郭子仪顿觉
shì qing bú miào
事情不妙。

qià hǎo cǐ shí pú gù huái ēn bìng sǐ
恰好此时，仆固怀恩病死
le tǔ bō hé huí hé méi yǒu le niǔ dài
了。吐蕃和回纥没有了“纽带”，
tā men jiù dōu xiǎng yào zhǎng quán hòu lái tǔ bō
他们就都想要掌权。后来，吐蕃
hé huí hé de jūn duì fēn kāi le yì fāng zhù zhā
和回纥的军队分开了，一方驻扎
zài dōng bian lìng yì fāng zhù zhā zài xī bian
在东边，另一方驻扎在西边。

guō zǐ yí zhī dào jī huì lái le yīn wèi
郭子仪知道机会来了。因为
zài píng dìng ān shǐ zhī luàn shí guō zǐ yí
在平定“安史之乱”时，郭子仪
jiè guo huí hé de jūn duì dǐ kàng dí jūn yǔ huí
借过回纥的军队抵抗敌军，与回
hé yǒu jiù jiāo
纥有旧交。

郭子仪

唐朝时期政治家、军事家，曾收复长安、洛阳，击败吐蕃。

qià hǎo huí hé de yào gě luó shì yí gè hěn niàn jiù qíng de rén tā tīng
恰好回纥的药葛罗是一个很念旧情的人。他听
shuō guō zǐ yí zài jīng yáng yú shì xiǎng yào yǔ guō zǐ yí jiàn yí miàn guō
说郭子仪在泾阳，于是，想要与郭子仪见一面。郭
zǐ yí zhī dào hòu dǎ suàn fù yuē tóng shí xiǎng chèn jī shuō fú huí hé bú yào
子仪知道后，打算赴约，同时想趁机说服回纥不要
hé tǔ bō lián hé
和吐蕃联合。

zài huí hé de jūn yíng zhōng yào gě luó hé guō
在回纥的军营中，药葛罗和郭
zǐ yí xiāng tán shèn huān jiǔ xìng zhèng nóng shí guō
子仪相谈甚欢。酒兴正浓时，郭
zǐ yí shuō dà táng hé huí hé de guān xì yì
子仪说：“大唐和回纥的关系一
zhí hěn hǎo wèi shén me huì hé tǔ bō lián hé qǐ lái
直很好，为什么会和吐蕃联合起来

回纥九姓部落的首领，也是回纥汗国中大部分可汗的姓氏。

jìn gōng zhōng yuán ne　tǔ bō shì xiǎng lì yòng nǐ men　gēn běn bú shì zhēn xīn
进攻中原呢？吐蕃是想利用你们，根本不是真心
yǔ nǐ jié méng
与你结盟。”

guō zǐ yí jiāng tǔ bō de yì tú shuō chū　bìng biǎo míng le dà táng yǔ huí
郭子仪将吐蕃的意图说出，并表明了大唐与回
hé jié méng de jué xīn
纥结盟的决心。

yào gě luó fēi cháng shēng qì de shuō　wǒ yuàn yì gēn nǐ jié méng
药葛罗非常生气地说：“我愿意跟你结盟，
gōng dǎ tǔ bō
攻打吐蕃！”

tǔ bō hěn kuài biàn zhī xiǎo cǐ shì　lián yè chè zǒu le jūn duì
吐蕃很快便知晓此事，连夜撤走了军队。

guō zǐ yí hé huí hé de jūn duì lián hé qǐ lái fèn lì zhuī jī jī bài
郭子仪和回纥的军队联合起来，奋力追击，击败
le tǔ bō de shí wàn dà jūn tǔ bō chī le bài zhàng zì cǐ zhī hòu tā men
了吐蕃的十万大军。吐蕃吃了败仗，自此之后，他们
hěn jiǔ dōu bù gǎn qīn fàn zhōngyuán
很久都不敢侵犯中原。

guō zǐ yí píng jiè sān cùn bú làn zhī shé yǐ yì zhāo fǎn kè wéi zhǔ
郭子仪凭借三寸不烂之舌，以一招“反客为主”
niǔ zhuǎn le zhàn jú bù jǐn lián hé le huí hé ér qiě zhèn shè le tǔ bō
扭转了战局，不仅联合了回纥，而且震慑了吐蕃。

生活思辨

yáng yang shì shù xué kè dài biǎo píng cháng huì fù zé shōu zuò yè kě zǒng yǒu yì xiē tóng xué bú pèi
洋洋是数学课代表，平常会负责收作业，可总有一些同学不配
hé jiāo de tè bié màn ràng yáng yang shí fēn bèi dòng tā wèi cǐ hěn kǔ nǎo
合，交得特别慢，让洋洋十分被动。他为此很苦恼。

yú shì yáng yang de jiě jie jiāo le tā yì zhāo fǎn kè wéi zhǔ ràng tā qù hé shù xué lǎo shī shuō
于是，洋洋的姐姐教了他一招“反客为主”，让他去和数学老师说
míng qíng kuàng bìng jiàn yì guī dìng měi yì tiān jiāo zuò yè zuì màn de yí wèi tóng xué dàng wǎn de jiā tíng zuò yè
明情况，并建议规定每一天交作业最慢的一位同学，当晚的家庭作业
jiā yí dào jì suàn tí
加一道计算题。

yáng yang bǎ zhè ge xiǎng fǎ gào su lǎo shī hòu shù xué lǎo shī yě xīn rán tóng yì le tóng xué men dé
洋洋把这个想法告诉老师后，数学老师也欣然同意了。同学们得
zhī cǐ shì hòu jiāo zuò yè de sù dù lì kè cóng wū guī de sù dù biàn chéng liè bào de sù dù dà jiā dōu bù
知此事后，交作业的速度立刻从乌龟的速度变成猎豹的速度，大家都不
xiǎng chéng wéi zuì hòu jiāo zuò yè de rén
想成为最后交作业的人。

yáng yang jiě jie de fǎn kè wéi zhǔ zhī jì ràng yáng yang cóng bèi dòng zhuǎn wéi zhǔ dòng jiǎn zhí
洋洋姐姐的“反客为主”之计，让洋洋从被动转为主动，简直
miào jí le
妙极了！

美人计

兵强者，攻其将；将智者，伐其情①。将弱兵颓，其势自萎②。利用御寇，顺相保也③。

注释

①伐其情：攻击敌人的精神。

②萎：萎靡。

③利用御寇，顺相保也：意思是利用这种方法去抵抗敌人，能够保护自己。

译文

跟兵力强大的军队交战，要攻击将领；如果将领的智慧过人，那么就要击溃他的精神壁垒。等到将领失去斗志，士兵们的状态颓废的时候，敌军的士气会变得衰弱，找准敌人的弱点去攻击，才能够保全我方。

知识锦囊

美人计

释　义：一种利用美女来让敌方贪图安逸和享受，斗志衰弱，我方再趁机采取行动，取得胜利的计策。

近义词：糖衣炮弹　甜言蜜语　英雄难过美人关

活学活用：司徒王允巧用美人计，借吕布之手除掉了董卓。

xī shī zhù yuè miè wú

西施助越灭吴

扫码听故事

chūn qiū shí qī wú guó
春秋时期，吴国
hé yuè guó shì bù liǎng lì zài
和越国**势不两立**。在
yí cì zhàn zhēng zhōng yuè wáng
一次战争中，越王
gōu jiàn bèi wú wáng fū chāi fú
勾践被吴王夫差俘
lǔ zài wú guó gōng zhōng zuò
虏，在吴国宫中做
rén zhì yǐ bǎo zhèng yuè guó
人质，以保证越国
bú huì bèi wú guó tūn bìng
不会被吴国吞并。

gōu jiàn zài fū chāi miàn qián shì shì yǐn
勾践在夫差面前事事隐
rěn ràng fū chāi fàng sōng le jǐng tì dé dào
忍，让夫差放松了警惕，得到
le fū chāi de tóng qíng yú shì fū chāi bǎ tā
了夫差的同情，于是夫差把他
sòng huí le yuè guó
送回了越国。

gōu jiàn huí guó hòu yì zhí xiǎng bào chóu
勾践回国后一直想报仇，
kě wú guó tài qiáng dà le yuè guó de dà fū wén
可吴国太强大了。越国的大夫文

夫差

春秋时期吴国君主，生性好战，曾打败越国、楚国、齐国等多个国家。

zhǒng gěi gōu jiàn xiǎng le yí gè hǎo bàn fǎ wǒ men yào lì yòng dí rén de xǐ
种给勾践想了一个好办法：“我们要利用敌人的喜
hào qù jī kuǎ tā men de dòu zhì jù wǒ suǒ zhī fū chāi hào sè tān lì
好，去击垮他们的斗志。据我所知，夫差好色贪利。”
yú shì gōu jiàn sòng gěi fū chāi yí wèi jué sè měi rén xī shī yǔ cǐ
于是，勾践送给夫差一位绝色美人——西施。与此
tóng shí gōu jiàn měi yì nián dōu huì xiàng wú guó jìn xiàn qí zhēn yì bǎo
同时，勾践每一年都会向吴国进献奇珍异宝。

春秋时期越国美女，忍辱负重，帮助越国消灭了吴国。

西施

夫差十分喜欢西施，整天与她饮酒作乐，逐渐无心朝政。哪怕是大臣伍子胥极力劝说他不要沉溺于享乐，夫差也无动于衷。

勾践见美人计成功，想出兵攻打吴国，文种劝说道：“伍子胥还为夫差出谋划策，现在不是出兵的最佳时机。”

为了尽快灭掉吴国，文种想出一条计策，他以越国闹饥荒为由，向吴国借粮，并承诺第二年双倍返还粮食。

fū chāi dǎ suàn jiè gěi yuè guó bìng xún wèn qí
夫差打算借给越国，并询问其
tā dà chén de yì jiàn dà chén men yě zhǐ shì fù hè
他大臣的意见，大臣们也只是附和
fū chāi zhǐ yǒu wǔ zǐ xū jiān jué fǎn duì
夫差，只有伍子胥坚决反对。

xī shī cǐ shí quàn dào yuè guó yǐ jīng tīng
西施此时劝道：“越国已经听
mìng yú wú guó yuè guó de bǎi xìng jiù shì nín de bǎi
命于吴国，越国的百姓就是您的百
xìng nín néng yǎn zhēng zhēng kàn zhe zì jǐ de bǎi xìng
姓，您能眼睁睁看着自己的百姓
è sǐ ma yuè guó shì wǒ de jiā xiāng yuè guó rén
饿死吗？越国是我的家乡，越国人
è sǐ le wǒ hái yǒu shén me liǎn miàn huó zhe
饿死了，我还有什么脸面活着？”
fū chāi lián máng dā ying le wén zhǒng
夫差连忙答应了文种。

wén zhǒng hěn shǒu xìn yòng dì èr nián sòng huí
文种很守信用，第二年送回

春秋时期吴国大夫、军事家，营造了姑苏城，为吴王出谋划策。

le shuāng bèi liáng shi zhǐ bú guò shì zhǔ shú hòu shài gān de fū chāi bù zhī shì
了双倍粮食，只不过是煮熟后晒干的。夫差不知是

jì biàn bǎ gǔ zi fā gěi bǎi xìng dàng zhǒng zi yòng kě shì bǎi xìng men bǎ zhǒng zi
计，便把谷子发给百姓当种子用，可是百姓们把种子

zhòng xià qù què méi yǒu fā yá wú guó yīn cǐ zāo yù le yán zhòng jī huang
种下去，却没有发芽，吴国因此遭遇了严重饥荒。

gōu jiàn jí jié jūn duì qí xí le wú guó fū chāi bèi dǎ de cuò shǒu bù
勾践集结军队，奇袭了吴国。夫差被打得措手不

jí wú guó jiù zhè yàng bèi yuè guó xiāo miè le wén zhǒng yì zhāo měi rén jì
及，吴国就这样被越国消灭了。文种一招“美人计”，

ràng fū chāi zhěng rì zhǐ zuì jīn mí wú xīn cháo zhèng zuì zhōng dǎo zhì wú guó zǒu
让夫差整日纸醉金迷，无心朝政，最终导致吴国走

xiàng miè wáng
向灭亡。

生活思辨

xiǎo lín de gē ge gāng cān jiā gōng zuò zuì jìn zài wǎng shang tán le yí gè nǚ péng you kě shì méi
小林的哥哥刚参加工作，最近在网上谈了一个女朋友。可是没

guò jǐ tiān xiǎo lín gē ge de nǚ péng you jiù xiàng tā jiè yuán qián lǐ yóu shì jiā li rén shēng
过几天，小林哥哥的女朋友就向他借5 000元钱，理由是家里人生

le hěn yán zhòng de bìng jí xū yòng qián xiǎo lín de gē ge bù zhī dào gāi rú hé chǔ lǐ biàn qù wèn
了很严重的病，急需用钱。小林的哥哥不知道该如何处理，便去问

bà ba hé mā ma de yì jiàn
爸爸和妈妈的意见。

bà ba mā ma hé xiǎo lín dōu jué de zhè jiàn shì qing yǒu wèn tí sī qián xiǎng hòu jué dìng bào jǐng
爸爸、妈妈和小林都觉得这件事情有问题，思前想后决定报警。

jīng guò jǐng chá de chá zhèng fā xiàn gēn xiǎo lín de gē ge zài wǎng shang liáo tiān de nǚ hái shì yí gè
经过警察的查证，发现跟小林的哥哥在网上聊天的女孩是一个

piàn zi céng jīng bèi rén jǔ bào guo xìng hǎo xiǎo lín de gē ge jí jiā rén shì jǐng jué de fǒu zé biàn huì
骗子，曾经被人举报过。幸好小林的哥哥及家人是警觉的，否则便会

zhòng le měi rén jì shòu dào bú bì yào de shāng hài
中了“美人计”，受到不必要的伤害。

空城计

xū zhě xū zhī　yí zhōngshēng yí　gāng róu zhī jì　qí ér fù qí
虚者虚①之，疑中生疑；刚柔之际②，奇而复奇③。

注释

xū　xū ruò
①虚：虚弱。

gāng róu zhī jì　yì si shì shuāngfāng jiāo zhàn què shí lì xuán shū de shí hou
②刚柔之际：意思是双方交战却实力悬殊的时候。

qí　chū rén yì liào
③奇：出人意料。

译文

dāng wǒ fāng de shí lì xū ruò shí　zhí jiē bǎ ruò xiǎo de bīng lì zhǎn xiàn gěi dí rén　dí rén fǎn ér huì mí huò　bù gǎn qīng yì cǎi qǔ xíng dòng　wù yǐ wéi wǒ fāng yǐn cáng le zhēn shí lì liàng　dāng shuāng fāng jiāo zhàn què shí lì xuán shū de shí hou　zhè ge fāng fǎ néng gòu bāng zhù wǒ men zài chū rén yì liào de qíng kuàng xià huò dé shèng lì

当我方的实力虚弱时，直接把弱小的兵力展现给敌人，敌人反而会迷惑，不敢轻易采取行动，误以为我方隐藏了真实力量。当双方交战却实力悬殊的时候，这个方法能够帮助我们在出人意料的情况下获得胜利。

知识锦囊

空城计

shì yì　bǐ yù háo wú shí lì　zhǐ néng xū zhāngshēng shì
释义：比喻毫无实力，只能虚张声势。

jìn yì cí　bīng bú yàn zhà　yǐ jiǎ luàn zhēn　gù nòng xuán xū
近义词：兵不厌诈　以假乱真　故弄玄虚

huó xué huó yòng　zhū gě liàng shēn móu yuǎn lǜ　cái shǐ de tā de kōng chéng jì dé yǐ chéng gōng
活学活用：诸葛亮深谋远虑，才使得他的空城计得以成功。

zhū gě liàng tán qín tuì dí
诸葛亮弹琴退敌

扫码听故事

sān guó shí qī yīn wèi zhū gě liàng cuò yòng mǎ sù zhì shǐ shǔ guó
三国时期，因为诸葛亮错用马谡，致使蜀国
shī qù le zhòng yào de jūn shì zhī dì jiē tíng jiē tíng shī shǒu zhī
失去了重要的军事之地——街亭。街亭失守之
hòu sī mǎ yì zhuā zhù zhè ge jī huì dài zhe shí wǔ wàn dà jūn lái tǎo
后，司马懿抓住这个机会，带着十五万大军来讨
fá zhū gě liàng
伐诸葛亮。

街亭

历代兵家必争之地，地处今甘肃省陇城镇一带。

kě shì zhū gě liàng shēn biān bù jǐn méi
可是，诸葛亮身边不仅没
yǒu dà jiàng ér qiě shǒu zhōng jǐn yǒu wǔ qiān míng
有大将，而且手中仅有五千名
shì bīng qí zhōng hái yǒu yí bàn qù yùn sòng liáng
士兵，其中还有一半去运送粮
cǎo le zhǐ shèng liǎng qiān wǔ bǎi míng shì bīng liú
草了，只剩两千五百名士兵留
zài chéng li
在城里。

suǒ yǒu rén tīng dào sī mǎ yì yào lái de
所有人听到司马懿要来的
xiāo xi quán dōu jīng huāng shī cuò zhū gě liàng
消息，全都惊慌失措。诸葛亮
bǎi le bǎi shǒu shuō fàng xīn wǒ yǒu bàn fǎ
摆了摆手说：“放心，我有办法

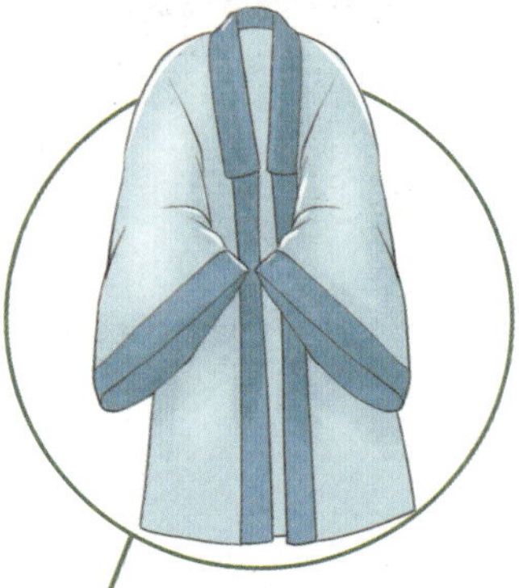

鹤氅 (chǎng)

汉服中的一种。

ràng sī mǎ yì zì jǐ zhǔ dòng lí kāi
让司马懿自己主动离开。”

zhū gě liàng chuán xià mìng lìng ràng
诸葛亮传下命令，让
shì bīng men cáng qǐ suǒ yǒu de jīng qí
士兵们藏起所有的旌旗，
měi gè rén dōu bù kě yǐ sī zì wài
每个人都不可以私自外
chū yě bù néng dà shēng jiǎng huà fǒu
出，也不能大声讲话，否
zé zhí jiē àn zhào jūn lìng zhǎn shǒu
则直接按照军令斩首。

一种用丝带编成的幅巾，一般是青色的。

纶巾

zhū gě liàng yòu ràng shì bīng qù
诸葛亮又让士兵去
dǎ kāi sì gè chéng mén měi zuò
打开四个城门，每座
chéng mén wài miàn pài jǐ shí míng shì
城门外面派几十名士
bīng qiáo zhuāng dǎ ban chéng bǎi xìng
兵乔装打扮成百姓，
yōu xián de zài dǎ sǎo wèi shēng
悠闲地在打扫卫生。

zhū gě liàng pī shàng hè chǎng
诸葛亮披上鹤氅，
dài shàng guān jīn shēn biān dài le
戴上纶巾，身边带了
liǎng gè xiǎo shū tóng zài shēn qián bǎi
两个小书童，在身前摆

le yì bǎ qín rán qǐ xiāng yí rán zì dé de tán qǐ qín lái
了一把琴，燃起香，怡然自得地弹起琴来。

sī mǎ yì lái dào chéng xià kàn jiàn zhū gě liàng zhèng zài fén xiāng tán qín zuǒ miàn zhàn zhe yí gè shǒu pěng bǎo jiàn de shū tóng yòu miàn zhàn zhe yí gè shǒu chí fú chén de shū tóng
司马懿来到城下，看见诸葛亮正在焚香弹琴，左面站着一个手捧宝剑的书童，右面站着一个手持拂尘的书童。

miàn duì zhè zhǒng qíng kuàng shēng xìng duō yí de sī mǎ yì sī kǎo le liáng jiǔ biàn jué dìng chè tuì tā de ér zi sī mǎ zhāo wèn fù qīn wèi shén me yào tuì bīng
面对这种情况，生性多疑的司马懿思考了良久，便决定撤退。他的儿子司马昭问："父亲，为什么要退兵？"

sī mǎ yì huí dá shuō zhū gě liàng shén jī miào suàn chéng mén quán dōu
司马懿回答说："诸葛亮神机妙算。城门全都

kāi zhe kěn dìng yǒu mái fú wǒ bù néngzhòng tā de jì
开着，肯定有埋伏。我不能中他的计！”

jiù zhè yàng zhū gě liàng bú fèi yì bīng yì zú shǐ yòng kōngchéng jì
就这样，诸葛亮不费一兵一卒，使用“空城计”，
biàn bǎ sī mǎ yì jī tuì le
便把司马懿“击退”了。

生活思辨

xiǎoniàn de xué xiào fàng shǔ jià le bà ba hé mā ma yào dài tā chū qù lǚ yóu kě shì xiǎoniàn de jiě
小念的学校放暑假了，爸爸和妈妈要带他出去旅游，可是小念的姐
jie yào shàngbān zhǐ néng zàn shí zì jǐ zhù zài jiā li
姐要上班，只能暂时自己住在家里。

chū mén qián xiǎoniàn xiǎng qǐ xǔ duō xīn wén bào dào yǒu xiē nǚ hái zi wǎnshang dú zì yì rén huí jiā
出门前，小念想起许多新闻报道，有些女孩子晚上独自一人回家
huì bèi huài rén wěi suí yú shì tā biàndān xīn jiě jie yí gè rén zài jiā li kě néng huì bù ān quán zài lín zǒu
会被坏人尾随，于是他便担心姐姐一个人在家里可能会不安全，在临走
qiánxiàng gè dà rén yí yàng zhǔ fù zhe jiě jie nǐ kě yǐ xué xí zhū gě liàngyòng yì chū kōngchéng jì
前像个大人一样嘱咐着：“姐姐，你可以学习诸葛亮用一出‘空城计’，
bǎ bà ba de chènshān guà zài yáng tái mén kǒu yě fàngshàng nán shì de xié zi zhè yàng huài rén jiù bù gǎn kào
把爸爸的衬衫挂在阳台，门口也放上男士的鞋子，这样坏人就不敢靠
jìn la
近啦！”

xiǎoniàn de jiě jie tīng hòu kāi xīn de mō le mō xiǎoniàn de tóu wèi yǒu zhè me yí gè cōngmíng de dì
小念的姐姐听后，开心地摸了摸小念的头，为有这么一个聪明的弟
di ér kāi xīn
弟而开心。

反间计

yí zhōng zhī yí　bǐ zhī zì nèi　bú zì shī yě
疑中之疑①。比之自内，不自失也②。

注释

yí zhōng zhī yí　zài yí zhèn zhōng bù zhì xīn de yí zhèn
①疑中之疑：在疑阵中布置新的疑阵。

bǐ zhī zì nèi　bú zì shī yě　chū zì　zhōu yì　bǐ　guà　yì si shì fǎn
②比之自内，不自失也：出自《周易·比》卦，意思是反
guò lái lì yòng dí rén de jiàn dié　bì miǎn wǒ fāng shòu dào sǔn shī
过来利用敌人的间谍，避免我方受到损失。

译文

zài yí zhèn zhōng bù zhì xīn de yí zhèn　ràng dí rén de jiàn dié gǎn dào mí huò　xiǎng bàn fǎ lì
在疑阵中布置新的疑阵，让敌人的间谍感到迷惑，想办法利
yòng dí rén de jiàn dié jìn xíng fǎn jiàn　bì miǎn wǒ fāng shòu dào sǔn shī
用敌人的间谍进行反间，避免我方受到损失。

知识锦囊

反间计

shì yì　yì zhǒng shí pò dí rén de yīn móu hòu　zài yòng duì fāng de guǐ jì qù jìn xíng fǎn
释义：一种识破敌人的阴谋后，再用对方的诡计去进行反
jī　yǐn qǐ dí rén nèi hòng de jì móu
击，引起敌人内讧的计谋。

jìn yì cí　tiǎo bō lí jiàn　bān nòng shì fēi　gǔ chún nòng shé
近义词：挑拨离间　搬弄是非　鼓唇弄舌

huó xué huó yòng　gǔ shí hou　xǔ duō míng jiàng dōu bèi fǎn jiàn jì suǒ hài　rú lián pō hé lǐ mù
活学活用：古时候，许多名将都被反间计所害，如廉颇和李牧。

qún yīng huì jiǎng gàn zhòng jì
群英会蒋干中计

扫码听故事

sān guó shí qī cáo cāo píng dìng le jīng zhōu hòu zhǔn bèi dù guò cháng
三国时期，曹操平定了荆州后，准备渡过长
jiāng gōng dǎ sūn quán hé liú bèi dàn shì cáo cāo de jūn duì bú shàn cháng shuǐ
江，攻打孙权和刘备。但是曹操的军队不擅长水
zhàn yú shì tā pài chū jīng tōng shuǐ zhàn de cài mào hé zhāng yǔn zài cháng jiāng
战。于是，他派出精通水战的蔡瑁和张允在长江
zhōng jiàn lì shuǐ zhài xùn liàn zhuān mén de shuǐ jūn
中建立水寨，训练专门的水军。

东汉末年荆州将领，被封为汉阳亭侯。

yóu yú cài mào hé zhāng yǔn zài jīng zhōu zhù le hěn jiǔ fēi cháng liǎo jiě
由于蔡瑁和张允在荆州住了很久，非常了解
shuǐ zhàn yú shì tā men chéng le dōng wú de xīn tóu dà huàn
水战。于是，他们成了东吴的心头大患。

zhōu yú zú zhì duō móu shēn ān bīng fǎ tǒng lǐng zhe sūn quán de jūn duì
周瑜足智多谋，深谙兵法，统领着孙权的军队
dǐ yù cáo cāo yú shì cáo cāo pài jiǎng gàn qù jiàn zhōu yú yí miàn yǒu liǎng
抵御曹操。于是，曹操派蒋干去见周瑜一面，有两
gè mù dì yī shì quàn tā tóu xiáng èr shì cì tàn jūn qíng
个目的：一是劝他投降；二是刺探军情。

cǐ shí zhōu yú zhèng zài wèi cài mào hé zhāng yǔn de shì qing fā chóu tīng
此时，周瑜正在为蔡瑁和张允的事情发愁，听
shuō jiǎng gàn lái le dùn shí jì shàng xīn tóu
说蒋干来了，顿时计上心头。

yàn xí shang zhōu yú jiě xià pèi jiàn duì zhòng rén shuō jiǎng gàn shì wǒ
宴席上，周瑜解下佩剑对众人说：“蒋干是我
de hǎo péng you jīn tiān shuí gǎn tán lùn zhàn shì wǒ yí dìng huì shā le tā
的好朋友，今天谁敢谈论战事，我一定会杀了他。”

东汉末年武将，本是刘表的部将，后归顺曹操。

rú cǐ yì lái jiǎng gàn yě méi bàn fǎ
如此一来，蒋干也没办法
dǎ tàn qíng kuàng le dà jiā jǔ bēi chàng yǐn
打探情况了。大家举杯畅饮，
gōng chóu jiāo cuò jiān yì zhí hē dào le shēn
觥筹交错间，一直喝到了深
yè zhōu yú yě hē de zuì xūn xūn de
夜。周瑜也喝得醉醺醺的。
wǎn shang jiǎng gàn gēn zhōu yú tóng chuáng gòng
晚上，蒋干跟周瑜同床共
qǐn jiǎng gàn wèi le cì tàn jūn qíng gù yì
寝。蒋干为了刺探军情，故意
děng zhōu yú shú shuì hòu qiāo qiāo qǐ shēn fān
等周瑜熟睡后，悄悄起身，翻

蒋干

东汉末年名士，口才极佳，擅长辩论。

kàn zhōu yú dà zhàng nèi de xìn jiàn tā fā xiàn àn tóu shang bǎi zhe yì fēng xìn
看周瑜大帐内的信件。他发现案头上摆着一封信，
biàn qiāo qiāo guò qù chá kàn yuán lái zhèng shì cài mào hé zhāng yǔn lián hé qǐ lái xiàng
便悄悄过去查看，原来正是蔡瑁和张允联合起来向
dōng wú tóu chéng de mì xìn
东吴投诚的密信。

jiǎng gàn jiàn zhōu yú shuì de zhèng xiāng biàn gǎn máng bǎ xìn cáng zài yī
蒋干见周瑜睡得正香，便赶忙把信藏在衣
nèi děng dì èr tiān yì zǎo biàn huí dào cáo yíng bǎ xìn gěi le cáo cāo cáo cāo
内，等第二天一早便回到曹营，把信给了曹操。曹操
dú le xìn hòu bó rán dà nù lì jí xià lìng shā le cài mào hé zhāng yǔn
读了信后，勃然大怒，立即下令杀了蔡瑁和张允。

hòu lái cáo cāo fā xiàn xìn shì zhōu yú wěi zào de zì jǐ zhòng le zhōu
后来，曹操发现信是周瑜伪造的，自己中了周
yú de fǎn jiàn jì kě yí qiè wéi shí yǐ wǎn liǎng yuán shuǐ jūn dà jiàng
瑜的“反间计”，可一切为时已晚，两员水军大将
yǐ bèi tā zhǎn shā zhè yě shǐ de tā zài chì bì zhī zhànzhōng dà bài
已被他斩杀，这也使得他在赤壁之战中大败。

生活思辨

yī bān hé èr bān yào jǔ xíng zú qiú bǐ sài shuàishuai shì yī bān de zú qiú duì zhǎng tā zhī dào tī
一班和二班要举行足球比赛，帅帅是一班的足球队长，他知道踢
bu yíng èr bān yú shì biàn zhǎo dào èr bān de shǒuményuán dà zhì gēn tā shuō èr bān de zú qiú duì zhǎng dá
不赢二班，于是便找到二班的守门员大志，跟他说二班的足球队长达
da yì zhí bù mǎn yì tā zhè ge shǒuményuán xiǎng yào lí jiàn tā men liǎng gè ràng dà zhì fàng shuǐ lái
达一直不满意他这个守门员，想要离间他们两个，让大志“放水”来
yíng dé bǐ sài
赢得比赛。

kě shì dà zhì cāi dào le shuàishuai de yì tú shí pò le tā de fǎn jiàn jì bìng yì zhèng
可是，大志猜到了帅帅的意图，识破了他的“反间计”，并义正
cí yán de shǔ luo le tā yí dùn dà zhì duì shuàishuai shuō xiǎng yào yíng dé bǐ sài kào de yí dìng
词严地数落了他一顿，。大志对帅帅说：“想要赢得比赛，靠的一定
shì shí lì ér bú shì zhè xiē xiǎo cōngmíng huò xiǎo shǒuduàn
是实力，而不是这些小聪明或小手段！”

shuàishuai tīng hòu xiū kuì nán dāng lì jí gěi dà zhì dào le qiàn bìng chéng nuò zì jǐ yǐ hòu yí dìng bú
帅帅听后羞愧难当，立即给大志道了歉，并承诺自己以后一定不
huì zài zuò zhè yàng de shì qing le dà zhì yě gēn shuàishuai wò le shǒu xī wàng tā zài qiú chǎngshang fā huī
会再做这样的事情了。大志也跟帅帅握了手，希望他在球场上发挥
chū zú qiú duì zhǎng de zuì jiā shuǐpíng
出足球队长的最佳水平。

苦肉计

人不自害，受害必真。假真真假①，间②以得行。童蒙之吉，顺以巽也③。

注释

①假真真假：用假的代替真的，用真的替换假的。

②间：离间的方法。

③童蒙之吉，顺以巽也：出自《周易·蒙》卦，意思是利用敌人软弱的心理来达到自己的目的。

译文

人不会主动伤害自己，一旦这么做了，他人一定会相信。在作战中，如果我方用假的代替真的，用真的替换假的，那么就能取得敌人的信任，离间他人的计谋就能实施。利用敌人软弱的心理来达到自己的目的。

知识锦囊

苦肉计

释　义：一种故意伤害自己的肉体，以此来骗取敌人信任的计谋。

近义词：装腔作势

活学活用：小明装作生病的样子，想要用苦肉计欺骗妈妈给他买玩具，结果被妈妈一眼识破。

yào lí cì qìng jì

要离刺庆忌

扫码听故事

庆忌

春秋时期著名勇士，吴王僚的儿子，打猎高手，能猎杀豺狼虎豹。

chūn qiū mò qī　hé lǘ shā sǐ le wú
春秋末期，阖闾杀死了吴
wáng liáo　chéng wéi xīn de wú wáng　wú wáng liáo
王僚，成为新的吴王。吴王僚
yǒu gè ér zi jiào qìng jì　zì yòu xí wǔ　tóng
有个儿子叫庆忌，自幼习武，铜
tóu tiě é
头铁额。

qìng jì yì zhí zài xún zhǎo jī huì gěi fù qīn
庆忌一直在寻找机会给父亲
bào chóu　hé lǘ dé zhī hòu　tí xīn diào dǎn
报仇。阖闾得知后，提心吊胆，
rì yè dān jīng shòu pà　yú shì　tā de bù xià
日夜担惊受怕。于是，他的部下

wǔ yuán zhǎo lái le cì kè yào lí tì
伍员找来了刺客要离替
tā cì shā qìng jì
他刺杀庆忌。

hé lǘ jiàn dào yào lí shí
阖闾见到要离时，
dà shī suǒ wàng yào lí zhǎng de yòu
大失所望。要离长得又
ǎi yòu xiǎo qí mào bù yáng wǔ
矮又小，其貌不扬。伍
yuán gǎn jǐn shuō yào lí fēi cháng
员赶紧说：“要离非常
jī mǐn zhōng chéng shì kě yǐ zhòng
机敏、忠诚，是可以重
yòng de rén
用的人。”

hé lǘ xiāng xìn le wǔ yuán de huà
阖闾相信了伍员的话，
jué dìng zhòng yòng yào lí
决定重用要离。

yào lí shuō qìng jì zài wèi guó
要离说：“庆忌在卫国
bì nàn zhèng zài zhāo nà shā shǒu lái wèi tā
避难，正在招纳杀手来为他
de fù qīn bào chóu wǒ dǎ suàn jiǎ zhuāng zì
的父亲报仇。我打算假装自
jǐ shì zuì chén wèi le qǔ dé tā de xìn
己是罪臣，为了取得他的信
rèn qǐng dà wáng zhǎn duàn wǒ de yòu bì
任，请大王斩断我的右臂。”

hé lǘ bù rěn xīn zhǎn duàn yào lí de
阖闾不忍心斩断要离的

要离

春秋时期著名刺客，相貌丑陋，足智多谋，身手敏捷。

yòu bì kě shì yào lí de tài dù shí fēn jiān jué wú nài zhī xià hé lǘ
右臂，可是要离的态度十分坚决。无奈之下，阖闾
zhǐ néng tóng yì le
只能同意了。

jiē zhe yào lí lái dào wèi guó qǐng qiú jiàn qìng jì yí miàn bìng dǎ
接着，要离来到卫国，请求见庆忌一面，并打
suàn tóu bèn yú tā qìng jì qǐ chū bú xìn rèn tā jué de yǒu zhà
算投奔于他。庆忌起初不信任他，觉得有诈。

yào lí tuō diào le zì jǐ de yī fu qìng jì kàn dào tā shī qù le yòu
要离脱掉了自己的衣服，庆忌看到他失去了右
bì yào lí shuō hé lǘ duàn wǒ shǒu bì wǒ yǔ tā yǒu bú gòng dài tiān
臂。要离说：“阖闾断我手臂，我与他有不共戴天
zhī chóu yǎn xià hé lǘ de wáng wèi zuò de ān wěn kě shì tā gēn dà chén
之仇。眼下，阖闾的王位坐得安稳，可是他跟大臣

wǔ yuán zhī jiān yǐ jīng chū xiàn le gé hé　wǔ yuán yuàn yì dāng wǒ men de nèi
伍员之间已经出现了隔阂，伍员愿意当我们的内
yìng　wǒ yě yuàn yì fǔ zuǒ nín
应，我也愿意辅佐您。”

yào lí de duàn bì ràng qìng jì xiāng xìn le tā　qìng jì lì jí wěi tuō yào
要离的断臂让庆忌相信了他。庆忌立即委托要
lí qù xùn liàn shì bīng　xiū jiàn zhàn chuán　zhǔn bèi tǎo fá wú guó
离去训练士兵，修建战船，准备讨伐吴国。

sān gè yuè hòu　yào lí sǒng yǒng qìng jì dài zhe jūn duì fā qǐ jìn gōng
三个月后，要离怂恿庆忌带着军队发起进攻，
zhí jiē qián wǎng wú guó
直接前往吴国。

春秋时期吴国第二十四位国君，曾击败楚国，称霸南方。

阖闾

qìng jì hé yào lí zài tóng yì tiáo chuán shang děng chuán kāi dào yí bàn lù
庆忌和要离在同一条船上。等船开到一半路
chéng shí yào lí zhuā zhù jī huì chèn zhe qìng jì zài chuán tóu guān kàn chuán duì
程时，要离抓住机会，趁着庆忌在船头观看船队
de shí hou yí jiàn cì rù le qìng jì de xīn kǒu qìng jì zhí dào sǐ zhī qián
的时候，一剑刺入了庆忌的心口。庆忌直到死之前
cái míng bai zì jǐ zhòng jì le yào lí shā sǐ qìng jì hòu jiù zì wěn le
才明白自己中计了。要离杀死庆忌后就自刎了。

yào lí zì duàn yí bì jī qǐ le qìng jì de tóng qíng zhī xīn yǐ cǐ
要离自断一臂，激起了庆忌的同情之心，以此
qǔ dé le qìng jì de xìn rèn shì yì chū chénggōng de kǔ ròu jì
取得了庆忌的信任，是一出成功的“苦肉计”。

生活思辨

wán jù diàn qián zhēnzhen xiǎng ràng mā ma gěi zì jǐ mǎi yí gè zuì xīn kuǎn de bā bǐ wá wa kě shì
玩具店前，珍珍想让妈妈给自己买一个最新款的芭比娃娃，可是
mā ma bù tóng yì tā chéng nuò zhēnzhen xià cì shù xué kǎo shì chéng jì jìn bù le jiù mǎi gěi tā
妈妈不同意。她承诺珍珍下次数学考试成绩进步了，就买给她。

zhēnzhen tīng le mā ma de huà hòu lì kè tǎng zài wán jù diàn qián dǎ qǐ le gǔnr yòu kū yòu nào
珍珍听了妈妈的话后，立刻躺在玩具店前打起了滚儿，又哭又闹，
zuǐ zhōng shuō zhe mā ma bù gěi wǒ mǎi wǒ jiù bù qǐ lái wǒ yě bù chī fàn le
嘴中说着：“妈妈不给我买，我就不起来，我也不吃饭了！”

zhēnzhen běn yǐ wéi mā ma huì dān xīn zì jǐ tǎng zài dì shang shēn tǐ shòu liáng huò zhēn de bù chī fàn è huài
珍珍本以为妈妈会担心自己躺在地上身体受凉或真的不吃饭饿坏
shēn tǐ ér mǎi bā bǐ wá wa gěi tā nǎ liào mā ma zhí jiē zhuǎn shēn zǒu le jiāo jí wàn fēn de zhēnzhen fā
身体而买芭比娃娃给她，哪料妈妈直接转身走了。焦急万分的珍珍发
xiàn méi xì le zhǐ néng cóng dì shang pá qǐ lái juē zhe xiǎo zuǐ kuài bù pǎo dào mā ma shēn hòu
现“没戏”了，只能从地上爬起来，噘着小嘴快步跑到妈妈身后。

jī zhì de mā ma méi yǒu bèi zhēnzhen de kǔ ròu jì suǒ mí huò tā kàn le kàn zhēnzhen xiào zhe
机智的妈妈没有被珍珍的“苦肉计”所迷惑。她看了看珍珍，笑着
shuō nǔ lì xué xí wǒ huì duì xiàn chéng nuò de
说：“努力学习，我会兑现承诺的。”

连环计

jiàng duō bīng zhòng bù kě yǐ dí shǐ qí zì lèi yǐ shā qí shì zài shī
将多兵众，不可以敌①，使其自累②，以杀其势。在师
zhōng jí chéng tiān chǒng yě
中吉，承天宠也③。

注释

dí dí duì
①敌：敌对。
zì lèi zì jǐ lián lei zì jǐ
②自累：自己连累自己。
zài shī zhōng jí chéng tiān chǒng yě chū zì zhōu yì shī guà yì si shì zhǐ huī
③在师中吉，承天宠也：出自《周易·师》卦，意思是指挥
zhě zhǐ yào jué cè shì hé shì de zuò zhàn shí yí dìng wú wǎng bú lì yǒu rú shén zhù
者只要决策是合适的，作战时一定无往不利，有如神助。

译文

rú guǒ dí rén de jiàng lǐng hé shì bīng shù liàng dōu hěn duō nà me wǒ men bú yào zhí jiē duì kàng
如果敌人的将领和士兵数量都很多，那么我们不要直接对抗，
kě yǐ ràng tā men cóng nèi bù hù xiāng qiān zhì lián lei jìn ér wǎ jiě tā men de shì qì dǎ sàn jūn
可以让他们从内部互相牵制、连累，进而瓦解他们的士气，打散军
xīn zhǐ huī zhě zhǐ yào zhǐ huī dé dàng yòng bīng dé dàng zuò zhàn shí yí dìng wú wǎng bú lì yǒu rú
心。指挥者只要指挥得当，用兵得当，作战时一定无往不利，有如
shén zhù
神助。

知识锦囊

shì yì hǎo duō gè jì móu bèi lián jiē zài yì qǐ shí shī hǎo xiàng huán yǔ huán zhī jiān xiāng lián
释　义：好多个计谋被连接在一起实施，好像环与环之间相连
jiē yí yàng
接一样。
jìn yì cí huán huán xiāng kòu sī sī rù kòu
近义词：环环相扣　丝丝入扣
huó xué huó yòng xǔ duō piàn zi huì shǐ yòng lián huán jì lái yǐn yòu bié rén shàng dàng shòu piàn wǒ
活学活用：许多骗子会使用连环计来引诱别人上当受骗，我
men yí dìng yào duō jiā xiǎo xīn
们一定要多加小心。

扫码听故事

wáng yǔn shè jì chú dǒng zhuó
王允设计除董卓

dōng hàn mò nián tài shī dǒng zhuó dú lǎn dà quán zhuānhèng bá hù cháo tíng de dà chén dōu gǎn nù bù gǎn yán
东汉末年，太师董卓独揽大权，专横跋扈。朝廷的大臣都敢怒不敢言。

měi yí gè zhèng zhí de dà chén dōu xiǎng chú diào dǒng zhuó què wú jì kě shī sī tú wáng yǔn zài shēn yè shí dú zì lái dào huā yuán zhōng tā de xīn zhōng yì zhí guà niàn
每一个正直的大臣都想除掉董卓，却无计可施。司徒王允在深夜时独自来到花园中，他的心中一直挂念

东汉末年权臣，位高权重，权倾朝野。

董卓

zhe guó jiā dà shì bú zì jué de kū le qǐ lái
着国家大事，不自觉地哭了起来。

zhè shí wáng yǔn jiā zhōng de gē nǚ diāo chán chū xiàn zài tā de shēn hòu
这时，王允家中的歌女貂蝉出现在他的身后。
diāo chán cái shí liù suì jiù yǐ jīng shēng de huā róng yuè mào diāo chán róu shēng
貂蝉才十六岁，就已经生得**花容月貌**。貂蝉柔声
shuō zì cóng wǒ rù fǔ nín duì wǒ hěn hǎo wǒ kàn nín
说：“自从我入府，您对我很好。我看您
miàn dài chóu róng xiāng xìn nín yí dìng shì yù dào le jí
面带愁容，相信您一定是遇到了棘
shǒu de shì qing wǒ yuàn yì wèi nín pái yōu jiě nàn
手的事情，我愿意为您**排忧解难**。”

wáng yǔn dài zhe diāo chán lái dào
王允带着貂蝉来到
tíng zhōng rán hòu měng de guì zài dì
亭中，然后猛地跪在地
shang gěi diāo chán kòu le yí gè tóu
上，给貂蝉叩了一个头。

东汉末年名臣，使用连环计除掉了董卓。

貂蝉

东汉末年歌女，国色天香，容貌倾城。

貂蝉赶快扶起王允，说：“您先起来，我一定会全力相助的。”

王允看到貂蝉坚定的态度，说：“我收你做义女，想让你在吕布和董卓之间周旋，想办法让吕布去杀掉董卓，保住我们汉朝的江山！”貂蝉用力点了点头。

于是，司徒王允首先是假意将貂蝉许给董卓的义子吕布，这是计策的第一环。不久后，他又把貂蝉送给了董卓，这是计策的第二环。貂蝉乘机离间董卓和吕布的关系，让吕布认为她是被董卓强迫的，才不得以委身于董卓，这是计策的第三环。吕布一气之下，选择和王允联合，除掉董卓，这是计策的第四环，也是决定性的一环。

王允的实力远不如董卓，可是他利用自己的智慧，巧妙地设计了“连环计”，加上貂蝉的配合，终于除掉了董卓，达到“四两拨千斤”的效果。

生活思辨

qí qi shì yí gè rè ài xué xí de hái zi tā zuì jìn fēi cháng kǔ nǎo yóu yú nián jí shēng gāo xué
琦琦是一个热爱学习的孩子。她最近非常苦恼。由于年级升高，学
de zhī shi biàn nán le kǎo shì yě xiāng yìng biàn nán le rú shù xué shì juàn zhōng chū xiàn le yí dào tí yǒu sān gè
的知识变难了，考试也相应变难了。如数学试卷中出现了一道题有三个
shèn zhì sì gè xiǎo wèn tí de dà tí qí qi zǒng shì zhǐ néng jiě chū dì yī wèn hòu miàn de háo wú tóu xù
甚至四个小问题的大题，琦琦总是只能解出第一问，后面的毫无头绪。

hòu lái qí qi qǐng jiào le lǎo shī lǎo shī huí dá qí qi dà tí jiù xiàng lián huán jì
后来，琦琦请教了老师。老师回答：“琦琦，大题就像‘连环计’，
měi yí gè wèn tí dōu shì yì huán yì huán kòu yì huán huán huán xiāng guān nǐ kě yǐ shì zhe yòng dì yī wèn
每一个问题都是一环，一环扣一环，环环相关，你可以试着用第一问
dé chū de dá àn qù fēn xī dì èr wèn yǒu kě néng huì chéng gōng yo
得出的答案去分析第二问，有可能会成功哟。”

dé dào le lǎo shī de diǎn bō qí qi máo sè dùn kāi tā cháng shì le yí xià guǒ rán duì yú yí bù
得到了老师的点拨，琦琦茅塞顿开。她尝试了一下，果然对于一部
fen dà tí shì yǒu xiào de zhè xià zi qí qi biàn bú zài nà me hài pà rú lián huán jì yì bān de dà
分大题是有效的。这下子，琦琦便不再那么害怕如“连环计”一般的大
tí le
题了。

第三十六计 走为上

quán shī bì dí zuǒ cì wú jiù wèi shī cháng yě
全师[1]避敌。左次无咎，未失常也[2]。

注释

shī jūn duì
①师：军队。

zuǒ cì wú jiù wèi shī cháng yě chū zì zhōu yì shī guà yì si shì jūn
②左次无咎，未失常也：出自《周易·师》卦，意思是军
duì zhù zhā zài zuǒ bian shì méi yǒu wèn tí de gǔ rén yǐ yòu cè wéi zūn guì zuǒ cè wéi
队驻扎在左边是没有问题的（古人以右侧为尊贵，左侧为
bēi xià jūn duì zài zuǒ cè xíng jìn dài biǎo zhe duǒ bì dí rén yě bù wéi bèi xíng jūn
卑下，军队在左侧行进代表着躲避敌人），也不违背行军
de guī ju
的规矩。

译文

dāng dí rén de shì qì gāo zhǎng shí wǒ fāng yīng gāi zhuā jǐn chè tuì bì kāi cǐ shí de dí
当敌人的士气高涨时，我方应该抓紧撤退，避开此时的敌
rén zhù zhā zài zhèn dì de zuǒ cè yě bù wéi bèi xíng jūn de guī ju
人。驻扎在阵地的左侧，也不违背行军的规矩。

知识锦囊

shì yì dāng yù dào qiáng jìng de dí rén huò zhě xiàn zài kùn jìng zhōng shí zàn shí lí kāi shì zuì
释 义：当遇到强劲的敌人或者陷在困境中时，暂时离开是最
hǎo de bàn fǎ
好的办法。

jìn yì cí liū zhī dà jí táo zhī yāo yāo wàng fēng ér táo
近义词：溜之大吉 逃之夭夭 望风而逃

huó xué huó yòng chèn méi rén zhù yì shí sān shí liù jì zǒu wéi shàng jì wǒ yí liù yān de
活学活用：趁没人注意时，三十六计走为上计，我一溜烟地
pǎo huí le bān jí zuò zài zuò wèi shang jiǎ zhuāng méi shì fā shēng guo
跑回了班级，坐在座位上假装没事发生过。

liú bāng táo tuō hóng mén yàn
刘邦逃脱鸿门宴

扫码听故事

xiàng yǔ tīng shuō liú bāng bù
项羽听说刘邦不
jǐn xiān yú tā duó qǔ xián yáng
仅先于他夺取咸阳，
ér qiě hái xiǎng yào zài guān zhōng
而且还想要在关中
chēngwáng shí fēn shēng qì
称王，十分生气。

xiàng yǔ zài fàn zēng de jiàn
项羽在范增的建
yì xià zài hóng mén shè xià yàn
议下，在鸿门设下宴
xí yāo qǐng liú bāng qián lái
席，邀请刘邦前来，
zhǔn bèi cì shā tā
准备刺杀他。

liú bāng zhī dào zhè chǎng
刘邦知道这场
yāo yàn fēi cháng wēi xiǎn kě shì
邀宴非常危险，可是
xiàng yǔ shí lì qiáng dà tā bù néng bú qù yú shì liú bāng dài zhe zhāng
项羽实力强大，他不能不去。于是，刘邦带着张
liáng hé fán kuài lái dào le hóngmén fù yàn
良和樊哙来到了鸿门赴宴。

入席后，刘邦对项羽说：“我们是故交，现在有居心叵测的人散播谣言，让你我之间产生了误会。”

项羽心软了，对刘邦的杀意减了大半。可是，范增却找来项庄表演舞剑，准备刺杀刘邦。

张良的好友项伯看出了范增的居心，也拔出宝

jiàn gēn zhe xiàng zhuāng yì qǐ wǔ
剑，跟着项庄一起舞
jiàn bǎo hù liú bāng
剑，保护刘邦。
guān jiàn shí kè fán kuài
关键时刻，樊哙
jìn rù le jūn yíng zhōng xiàng yǔ cì
进入了军营中。项羽赐
gěi tā yì wǎn jiǔ hé yí dà kuài zhū
给他一碗酒和一大块猪
tuǐ ròu fán kuài láng tūn hǔ yàn de
腿肉。樊哙**狼吞虎咽**地
hē jiǔ chī ròu hái bú wàng kuā zàn
喝酒吃肉，还不忘夸赞
zhe liú bāng de zhōng xīn shuō liú
着刘邦的忠心，说刘
bāng bìng wú chēng wáng zhī xīn xiàng
邦并无称王之心。项
yǔ tīng de yǎ kǒu wú yán
羽听得**哑口无言**。

guò le yí huìr liú bāng jiè zhe
过了一会儿，刘邦借着
chū qù shàng cè suǒ de jī huì gēn zhāng
出去上厕所的机会，跟张
liáng hé fán kuài yì qǐ lí kāi le jūn zhàng
良和樊哙一起离开了军帐，
tā liú xià zhāng liáng wèi tā de bú gào ér
他留下张良为他的**不告而**
bié xiàng xiàng yǔ dào qiàn ràng fán kuài hù
别向项羽道歉，让樊哙护
sòng tā cóng xiǎo lù lí kāi
送他从小路离开。

西汉开国功臣、政治家，
辅佐刘邦建立了汉朝。

zhāng liáng cāi xiǎng liú bāng hé fán kuài yǐ jīng zǒu yuǎn , biàn huí dào jūn zhàng
张良猜想刘邦和樊哙已经走远，便回到军帐

zhōng , duì xiàng yǔ shuō : “ liú bāng yǐ jīng mǐng dǐng dà
中，对项羽说：“刘邦已经酩酊大

zuì , wǒ dài tì tā gēn nín gào bié 。”
醉，我代替他跟您告别。”

xiàng yǔ wèn : “ liú bāng xiàn zài zài nǎr ? ”
项羽问：“刘邦现在在哪儿？”

zhāng liáng huí dá : “ tā pà bèi dà wáng zé
张良回答：“他怕被大王责

bèi , xīn zhōng zhuì zhuì bù ān , xiān huí qù le 。”
备，心中惴惴不安，先回去了。”

西汉开国元勋、军事统帅，是刘邦手下最勇猛的战将。

樊哙

liú bāng zài qià dàng de shí jī lí kāi le yàn xí jì dá dào le zì jǐ
刘邦在恰当的时机离开了宴席，既达到了自己

de mù dì yòu bǎo zhù le xìng mìng qiǎo miào yùn yòng zǒu wéi shàng yì
的目的，又保住了性命，巧妙运用“走为上”，一

jǔ liǎng dé
举两得。

生活思辨

dà jūn shì yí gè hěn yǒu zhèng yì gǎn de nán hái xiǎo péng shì yí gè gǔ líng jīng guài de nán hái èr rén guān
大军是一个很有正义感的男孩，小鹏是一个古灵精怪的男孩。二人关

xì fēi cháng hǎo zǒng shì fàng xué yì qǐ huí jiā fàng xué lù shang dà jūn fā xiàn tóng bān de xiǎo kǎi zhèng zài bèi
系非常好，总是放学一起回家。放学路上，大军发现同班的小凯正在被

gāo nián jí de tóng xué qī fu tā gāng xiǎng chōng shàng qù bāng máng xiǎo péng lā zhù le tā
高年级的同学欺负。他刚想冲上去帮忙，小鹏拉住了他。

xiǎo péng shuō děng yi děng wǒ men qù le yě yǒu kě néng bèi qī fu zǒu wéi shàng qù bān
小鹏说：“等一等，我们去了也有可能被欺负，‘走为上’，去搬

jiù bīng
救兵。”

dà jūn sī suǒ zài sān hòu gēn xiǎo péng fǎn huí le xué xiào zhǎo dào zhí bān lǎo shī bāng máng lǎo shī bāng
大军思索再三后，跟小鹏返回了学校，找到值班老师帮忙。老师帮

máng jiào yù le gāo nián jí de tóng xué gào su tā men bú yào zài qī fu tóng xué
忙教育了高年级的同学，告诉他们不要再欺负同学。

lín wēi bú luàn de xiǎo péng yòng le yì zhāo zǒu wéi shàng jì bǎo zhèng le zì jǐ hé dà jūn de ān
临危不乱的小鹏用了一招“走为上”，既保证了自己和大军的安

quán yòu ràng xiǎo kǎi tóng xué bú bèi gāo nián jí de tóng xué qī fu
全，又让小凯同学不被高年级的同学欺负。

中国古代战争常见阵型

古代的将士们在对战时，没有如今那么多先进的武器和科技。因此，他们对于排兵布阵的方法十分讲究。

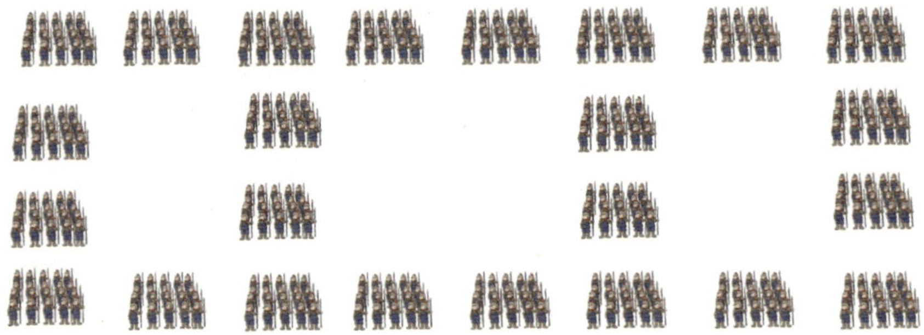

矩形阵

攻击型军阵。中间兵力弱，可以虚张声势；四周兵力强，负责击杀敌军。

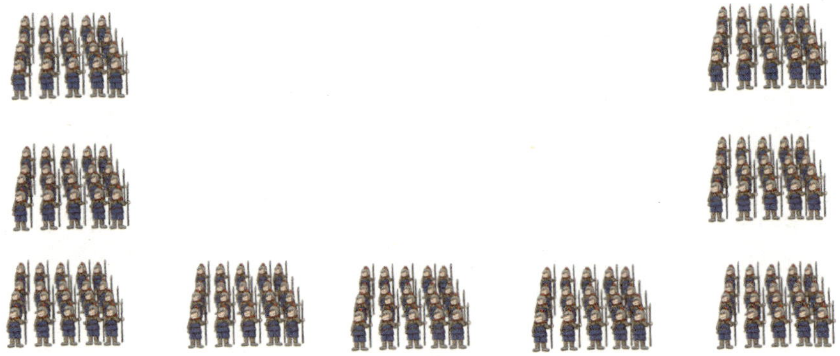

钩形阵

攻击型军阵。正面是矩形阵，两翼向后弯成钩形，能够保障两翼边缘的士兵的安全。

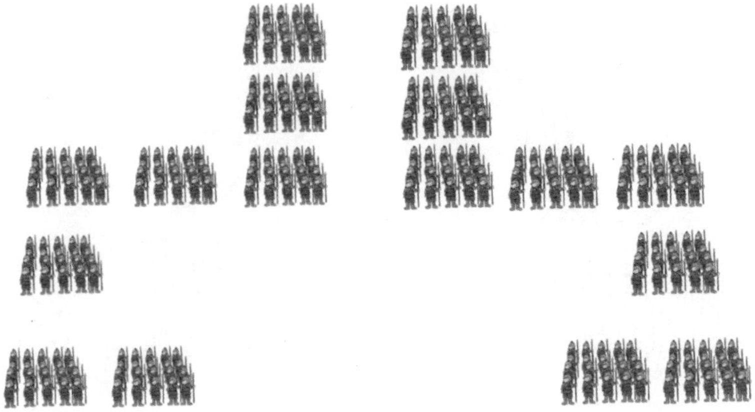

雁形阵

攻防兼备的军阵。横向展开的作战阵型，左翼和右翼向前排列成梯状包围敌军，后卫再进行补充围剿。

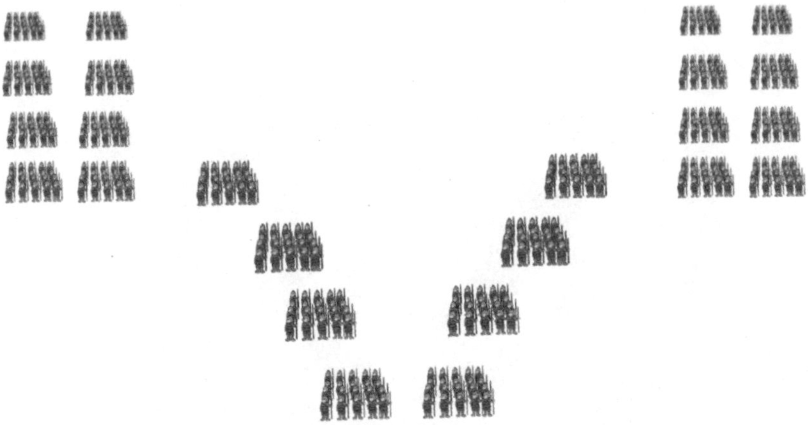

锥形阵

攻击型军阵。前锋尖锐，可以刺入敌阵，割裂敌军；两翼和后卫雄厚，可以保卫己方的安全。

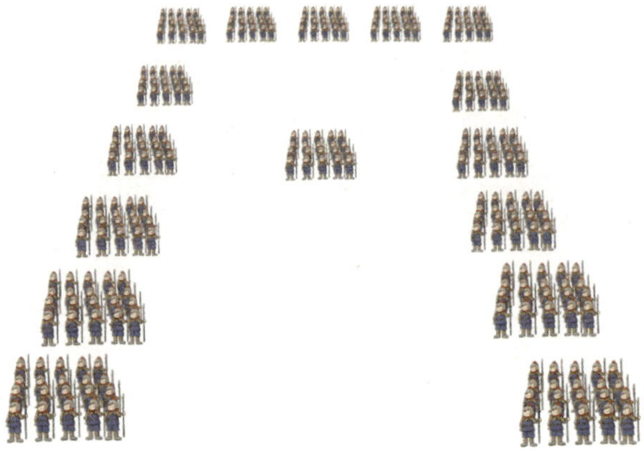

箕形阵

攻击型军阵。雁形阵的变形，能够更彻底地包围敌军，围剿速度快，缺点是防御力弱。

圆阵

防御型军阵。将兵力呈环状进行分布，适合在平坦的作战地形来防御敌军。

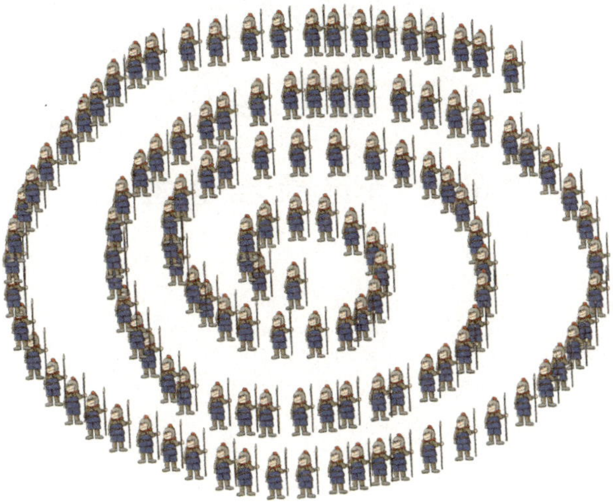

长蛇阵

防御型军阵。将兵力排成一条长蛇状的队列，前后相连，形成一道**坚不可摧**的防线。

鸳鸯阵

防御型军阵。利用左右两翼部队的支援，中央部队可以集中防御，左右两翼部队则可以根据敌方进攻方向，进行相应的支援和包抄。

读后感

亲爱的小朋友，《三十六计》已经被你全部读完啦！

请把你的收获及心中的感悟记录在这里吧！